公路工程质量监督与评价体系

黄琪 著

·北京·

内 容 提 要

为进一步完善公路工程质量监督与评价体系，本书针对新形势下公路工程质量管理的特点和需求，分析探讨了公路工程质量监督管理工作的三个方面：一是公路工程质量监督重点与监督模式研究；二是完善公路工程质量督查评价体系研究；三是公路工程质量信息统计分析方法研究。本书能客观反映质量督查和信息统计项目的实际质量状况，可提高新形势下公路工程质量监督工作的科学性、规范性与有效性，为新形势下的公路工程质量监督管理工作提供了有力的技术支撑。

本书适合各专业质量监督人员参考借鉴，也可供道路桥梁、交通工程、土木工程等专业科研、管理人员和师生参考阅读。

图书在版编目（CIP）数据

公路工程质量监督与评价体系 / 黄琪著. -- 北京：中国水利水电出版社，2019.11
ISBN 978-7-5170-8259-0

Ⅰ．①公… Ⅱ．①黄… Ⅲ．①道路工程－工程质量监督 Ⅳ．①U415.12

中国版本图书馆CIP数据核字(2019)第271421号

书　　名	**公路工程质量监督与评价体系** GONGLU GONGCHENG ZHILIANG JIANDU YU PINGJIA TIXI
作　　者	黄琪　著
出版发行	中国水利水电出版社 （北京市海淀区玉渊潭南路1号D座　100038） 网址：www.waterpub.com.cn E-mail：sales@waterpub.com.cn 电话：（010）68367658（营销中心）
经　　售	北京科水图书销售中心（零售） 电话：（010）88383994、63202643、68545874 全国各地新华书店和相关出版物销售网点
排　　版	中国水利水电出版社微机排版中心
印　　刷	北京瑞斯通印务发展有限公司
规　　格	184mm×260mm　16开本　5.5印张　134千字
版　　次	2019年11月第1版　2019年11月第1次印刷
印　　数	001—500册
定　　价	38.00元

凡购买我社图书，如有缺页、倒页、脱页的，本社营销中心负责调换

版权所有·侵权必究

前　言

为规范公路工程质量监督检查行为，提高质量督查工作的科学性和有效性，促进公路工程质量的提高，交通运输部质监总站先后修订发布了《公路水运工程质量安全督查办法》，按质量管理行为、施工工艺和工程实体质量3方面建立了一套适用于质量监督工作的标准化体系，这些办法的实施为监督机构掌握建设、设计、施工、监理等单位在工程建设中的质量安全工作状况，发现并督促整改施工过程中的质量管理问题、质量缺陷或隐患，对工程建设质量进行评价，并将从业单位的质量管理行为等情况纳入信用管理系统发挥了积极的作用，为质量安全监督工作提供了全面系统、有针对性的工作依据。

目前，公路工程质量监督的内涵进一步拓展和外延，在经济社会发展和质量监督改革的新形势下，质量监督评定指标和评价体系也需要进一步更新完善，以便能更好地服务于新形势下的公路工程质量监督工作。为此，亟须对公路工程质量监督与评价体系进行研究，提高新形势下公路工程质量监督工作的科学性与有效性，进一步完善质量监督评价体系与质量统计分析制度，为新形势下的公路工程质量监督工作提供政策支持和理论依据。

本书在调研国外质量监督工作模式和国内相关行业质量监督模式的基础上，对我国公路工程近30年的质量监督发展历程进行了梳理和总结，提出了适应新形势的公路工程质量监督重点和监督模式。在全面回顾监督发展历程的基础上，对工程质量监督的发展进行了展望，指出了质量监督机构将面临监督任务与过去有所不同、监督机构的深化改革、监督职责和范围重新定位等一系列挑战，监督机构必须面对挑战做好准备。

本书通过研究，认为目前建立的由质量管理行为、施工工艺和工程实体质量组成的标准化体系依然适用于质量督查，由此建立的评价体系框架能够满足质量督查的需要，但具体指标根据督查目的和可操作性进行了调整。利用层次分析法确定督查指标的权重，使用模糊评价法对指标进行多层次的评价，提高了检查效率和评价结果的准确性。

本书通过全国大范围对省级质监机构函调、座谈和专家咨询等调研方式，研究分析了目前公路工程质量信息统计工作中质量统计指标和质量统计分析方法的现状和问题，具体研究了以下两方面的内容：一方面是报送数据的规范化、标准化研究,包括指标数据来源完善、质量统计指标和各省报送数据统计单元的统一和完善;另一方面是对公路工程质量信息统计分析方法的研究。

本书在研究过程中得到了交通运输部公路科学研究院、北京市道路工程质量监督站和四川省交通运输厅工程质量监督局的大力支持,在此一并表示感谢!

鉴于本人学识水平有限,书中的错误和缺点在所难免,敬请同行专家批评指正。

华北水利水电大学　黄琪

2019 年 10 月

目 录

前言

第1章 绪论 ·········· 1
  1.1 研究背景 ·········· 1
  1.2 研究目标 ·········· 4
  1.3 研究内容 ·········· 4

第2章 新形势下公路工程质量监督重点和监督模式研究 ·········· 6
  2.1 国外工程质量监督模式 ·········· 6
  2.2 其他行业外工程质量监督 ·········· 7
    2.2.1 水利工程建设质量与安全监督调研 ·········· 8
    2.2.2 民航专业工程质量监督工作调研 ·········· 13
    2.2.3 住房和城乡建设部质量监督工作调研 ·········· 14
  2.3 公路工程质量监督发展历程 ·········· 19
  2.4 公路工程质量内涵拓展的研究 ·········· 23
    2.4.1 公路工程质量内涵研究 ·········· 23
    2.4.2 公路工程质量内涵的拓展 ·········· 26
  2.5 公路工程质量监督工作模式及督查方式研究 ·········· 27
    2.5.1 质量监督工作模式研究 ·········· 27
    2.5.2 质量监督督查方式的合理选择与综合应用研究 ·········· 29
    2.5.3 质量监督工作的创新性及可行性研究 ·········· 31
  2.6 公路工程质量监督展望 ·········· 36
    2.6.1 监督任务 ·········· 36
    2.6.2 质量监督机构的发展 ·········· 37
    2.6.3 质量监督的职责和范围 ·········· 38
  2.7 本章小结 ·········· 39

第3章 新形势下公路工程质量督查体系研究 ·········· 40
  3.1 质量督查指标和评价方法现状的分析 ·········· 40
    3.1.1 《公路工程质量督查办法》为掌握质量与安全动态发挥过积极的作用 ·········· 40
    3.1.2 现有质量督查办法需要进一步改善 ·········· 41
  3.2 指标评价体系的确定 ·········· 42

  3.2.1 质量督查评价体系框架建立 ……………………………………… 43
  3.2.2 质量督查评价指标选取原则研究 …………………………………… 43
 3.3 质量评价体系指标权重的确定 ………………………………………… 49
  3.3.1 比较权重确定的方法 ……………………………………………… 49
  3.3.2 采用层次分析法确定指标权重 …………………………………… 50
 3.4 质量评价体系中评价方法的确定 ……………………………………… 57
  3.4.1 评价方法的确定 …………………………………………………… 57
  3.4.2 模糊综合评价法 …………………………………………………… 58
  3.4.3 多层次模糊评价法应用 …………………………………………… 58
 3.5 质量问题处理方法及后评价 …………………………………………… 60
 3.6 本章小结 ………………………………………………………………… 61

第 4 章 公路工程质量信息统计分析方法研究 …………………………… 62
 4.1 公路工程质量信息统计现状分析 ……………………………………… 62
  4.1.1 质量统计指标现状 ………………………………………………… 63
  4.1.2 质量统计分析方法现状 …………………………………………… 63
 4.2 报送数据的规范化、标准化研究 ……………………………………… 64
  4.2.1 统一指标数据来源 ………………………………………………… 64
  4.2.2 完善质量统计指标 ………………………………………………… 65
  4.2.3 各省上报数据统计单元标准研究 ………………………………… 66
 4.3 综合各项指标的统计分析方法研究 …………………………………… 66
  4.3.1 指标权值确定 ……………………………………………………… 66
  4.3.2 4 种统计方法及其特点 …………………………………………… 68
  4.3.3 方法的分析比较与选择 …………………………………………… 71
 4.4 本章小结 ………………………………………………………………… 75

第 5 章 结论与展望 …………………………………………………………… 77
 5.1 主要创新点 ……………………………………………………………… 77
 5.2 主要研究结论 …………………………………………………………… 77
 5.3 建议及展望 ……………………………………………………………… 79

参考文献 …………………………………………………………………………… 80

第1章

绪 论

1.1 研究背景

1988—2017年,我国共建成13万km的高速公路,路网通车里程达477万km。20世纪80年代,欧美发达国家的公路网已基本建成,而我国还处于空白,但在随后的20多年里,中国公路建设快速发展,特别是高速公路建设取得了飞速的发展,走完了发达国家50多年的历程。

与此同时,交通基本建设质量监督体系的发展与公路建设发展的历程息息相关。"百年大计,质量第一",质量是工程建设的生命和主题,为加强公路建设质量,1987年10月交通部设立了基本建设质量监督总站。质监总站的建立,标志着我国的工程建设质量监督由原来的单向行政监督向政府专业质量监督转变,形成了一种施工企业内部管理,外部监督认证、控制的公路工程监督管理机制。2000年,《建设工程质量管理条例》规定了"国家实行建设工程质量监督管理制度",进一步确立了质量监督工作的法律地位。

截至"九五"末(2000年),交通部相继颁布了《公路工程质量监督暂行规定》(交公路发〔1992〕443号)、《交通系统工程建设质量监督机构和人员考核实施细则》(〔91〕工监字214号)、《公路建设监督管理办法》(交通部令2000年第8号)等一系列规章制度,从制度上、组织上确立了质量监督机构的地位和作用。20世纪90年代中后期,全国质监系统形成了一个以省级质监机构为主骨架且覆盖全国的工程质量监督网络,建立了一套行之有效的监督工作机制,培养了一大批专业监督人才,为全国公路工程建设质量的发展奠定了基础。

"十一五"末全国公路网总里程达到398.4万km,5年新增公路63.9万km,其中高速公路新增3.3万km。全国国省干线公路质量监督覆盖率达到100%。在不断加大公路工程建设规模的同时,坚持"质量第一、安全发展"理念,质监部门狠抓工程质量和安全监管水平的提升,交通基础设施在服务国民经济和社会发展全局、服务社会主义新农村建设、服务人民群众安全便捷出行中发挥了重要作用。

"十五""十一五"期间,交通部相继出台了《公路工程质量监督规定》(交通部令

2005年第4号)、《公路建设监督管理办法》(交通部令2006年第6号)、《公路工程质量督查办法》(质监公字〔2007〕5号)、《公路水运工程安全生产监督管理办法》(交通部令2007年第1号)、《公路水运工程质量安全督查办法》(交质监发〔2008〕52号)、《公路工程竣工质量鉴定工作规定》(厅质监字〔2008〕16号)、《关于建立公路水运工程建设安全监管长效机制的若干意见》(交质监发〔2009〕78号)等10余部管理规定和制度。各地也相继发布了适合本省的质量监督办法，制定了监督责任人制度、问题报告制度、档案管理规定等行之有效的规章制度。在这些逐步完善的法规文件的基础上，相互衔接配套、操作性强的质量监督工作制度体系基本形成，质量监督工作逐步走上了规范化、程序化、标准化的轨道。

1. 公路工程质量安全风险增大

目前，在建高速公路项目多达400多个，在建里程超过3万km。从工程项目分布来看，基本转入工程条件更为复杂的山岭和水域，山区公路、跨海桥隧以及深水、外海工程项目增多，高墩大跨结构显著增多，工程地质状况复杂、施工环境恶劣、施工难度增大，质量安全风险更为突出。同时，随着路网密度的增大，路网联络线项目增多，不可避免地大量增加立体交叉跨线工程，在不能中断交通的开放环境下施工，质量安全风险叠加效应不可忽视。工程实施将承受自然环境、社会环境和工程管理的多重考验，质量安全风险增大，形势更加严峻，也加剧了政府质量监督管理的难度和风险。

2. 公路工程质量内涵进一步拓展

"新形势下"质量内涵的拓展。随着社会经济的发展，社会需求在变化，社会对公路工程质量的关注度高了，对质量不合格的包容少了，质量已成为一个广泛的概念，工程安全、环保、耐久性、以人为本等因素都成为质量的内涵，因此质量监督的范畴也在外延。

随着经济社会的发展和人民生活水平的提高，对公路的服务性要求也在提升。中央"十二五"规划建议提出，转变发展方式，注重发展质量，建设资源节约型和环境友好型交通运输体系。而建设生态型、环保型的公路基础设施，是向可持续发展转型的现代交通技术的一个必要途径；同时，在科技高速发展、日新月异的今天，高速公路正朝智能化、数字化管理快速迈进。在此背景下，以人为本、人文化的公路服务理念，生态、环保、低碳、资源节约环境友好的可持续发展的建设要求，以及高速公路智能化、数字化管理等现状，对公路工程建设质量的内涵提出了更新、更高的要求。由过去单一注重工程实体的质量，转化为涵盖安全、机电、舒适、和谐、绿色环保、智能管理等多范畴的质量概念。

3. 监督模式及监督重点有待进一步转变

2000年以来，尤其在《建设工程质量管理条例》和《工程质量监督工作导则》两部文件出台后，质量监督相继进入改革阶段。总体上包括两个方面：一是监督内容的改变；二是监督方式的改变。

监督内容的改变可以归纳为：从宏观和微观两个层次对建设工程质量进行监督，由实体监督变为行为监督为主、实体监督为辅；实施全面质量监督管理，实现对工程全过程的监督、全方位的管理；提高环境意识，实现可持续发展的战略。

监督方式的改变可以归纳为：执法方式由授权执法向委托执法转变；实体质量的监督方式由环环把关向随机抽查转变；现场检查方式由传统的"看""问"的检查方式转向用

科学的检测仪器和设备，公路工程快速无损检测技术得到了广泛的应用和发展，为质量监督工作提供了准确可靠、有说服力的数据，增强了政府工程质量监督检查的科学性和权威性。

由实体监督向主体行为监督方式的转变。

新形势下，公路建设任务繁重，工程规模大、范围广、数量多、进度快，质量安全风险加大，公路工程质量的内涵进一步拓展和外延，质量要求进一步提升。另外，质量监督机构却存在质监人员少、监督经费少、检测手段单一的问题。二者的矛盾日益突出。在此情况下，监督模式是否需要创新，如何合理选择、综合应用监督模式，满足新形势下的质量监督需求，保证质量监督工作的科学性和有效性；质量内涵进一步拓展和外延，如何把握监督重点，保证有限监督资源的合理分配，满足新形势下的质量监督改革需求。这些都是需要着重考虑的问题。

4. 公路工程质量监督评价体系有待进一步完善

公路工程质量监督工作中需要建立一个科学、规范、完善的质量监督评价体系，服务于质量监督工作，从而增强监督工作的针对性和规范性，增加质量督查结果分析的科学性与指导性，提高监督工作有效性。

公路工程质量监督工作前期，还没有建立完整的质量监督评价体系，质量监督工作主要依赖于《公路工程质量检验评定标准》《公路竣（交）工验收办法》《公路工程质量鉴定办法》《公路工程质量监督规定》《公路建设监督管理办法》《公路水运工程监理企业资质管理规定》《公路水运工程试验检测管理办法》等法规文件对公路工程质量实施质量监督，它们或是针对实体质量的，或是针对交工验收前的质量检测工作的，或是针对监理单位和监理人员管理的，或是针对试验检测单位和试验检测人员管理的，没有根据质量监督的全面工作建立一个完善的标准体系服务于质量监督工作。

为规范公路工程质量监督检查行为，提高质量督查工作的科学性和有效性，促进公路工程质量的提高，交通部质监总站 2005 年 2 月 6 日发布了《公路工程质量监督检查办法》（质监公字〔2005〕10 号），按质量管理行为、施工工艺和工程实体质量三方面建立了一套适用于质量监督工作的标准化体系；2007 年 3 月发布了《公路工程质量督查办法》（质监公字〔2007〕5 号），2008 年 4 月发布了《公路水运工程质量安全督查办法》（交质监发〔2008〕52 号）。

这些办法的实施为监督机构掌握建设、设计、施工、监理等单位在工程建设中的质量安全工作状况，发现并督促整改施工过程中的质量管理问题、质量缺陷或隐患，对工程建设质量进行评价，并将从业单位的质量管理行为等情况纳入信用管理系统发挥了积极的作用，为质量安全监督工作提供了全面系统、有针对性的工作依据。

但现行质量督查办法在以下方面也存在问题。

（1）新形势下督查指标的可行性、代表性、合理性。

（2）新形势下质量督查指标标准和评价方法的科学性。

（3）质量督查指标如何体现质量均匀性。

（4）质量督查指标评价方法的科学性。

（5）质量督查指标检测频率如何确定。

(6) 如何保证质量督查的有效性、权威性，做到问题处理闭合，督查卓有成效。

5. 公路工程质量信息统计分析工作有待进一步完善

为增强质量状况统计分析工作的科学性，客观反映在建公路工程质量状况和水平，全面掌握公路工程质量发展规律，2008年由交通部质监总站牵头，发布了《关于印发公路水运工程质量和安全事故有关统计报表制度的通知》(厅质监字〔2008〕140号)，2010年发布了《关于印发公路水运工程质量和安全事故有关统计报表制度的通知》(厅质监字〔2010〕321号)。公路工程质量状况及质量监督信息统计报表每半年报送一次，并在公路工程质量监督抽检数据汇总分析的基础上形成质量状况分析报告。在目前建设项目多、质量检测数据日益庞大、质量内在隐患日益增多的形势下，如何规范数据报送，质量统计分析工作如何做到实时监控工程质量，实时掌握质量动态、发现质量问题是公路工程质量信息统计工作面临的难题。

质量信息统计分析工作存在以下疑问。

(1) 新形势下，质量统计指标的代表性、合理性和普遍适用性如何。

(2) 各省质量统计指标数据的来源、指标数据的频率是否统一。

(3) 统计指标是否能真实反映产品质量、结构耐久性和隐蔽工程质量。

(4) 新形势下筛选统计指标的原则是什么，指标是否能做到客观反映各省（自治区、直辖市）的工程质量现状。

1.2 研究目标

本书的研究目的是通过对30年来我国公路工程质量监督工作的现状进行系统分析和总结，针对新形势下公路工程质量监督工作的特点和需求，研究新形势下公路工程质量监督重点和监督模式，完善公路工程质量监督评价体系，修订质量监督督查办法和质量统计分析方法，指导新形势下质量监督工作，服务于新形势下的公路工程质量监督管理工作。

1.3 研究内容

1. 公路工程质量监督重点与监督模式研究

本书通过调研咨询，对工程质量、安全生产和环境友好可持续发展各因素综合考量，筛选出具有代表性的环境质量评价指标，进一步拓展新形势下公路工程质量监督工作内涵，并纳入公路工程质量评价指标体系，适应新形势下的质量监督改革的工作需求。

在目前质量内涵拓展、质量监督工作方式改变、监督重点发生转变的新形势下，在系统研究我国30年来公路工程质量监督管理发展历程的基础上，借鉴发达国家先进的管理经验，总结归纳质量监督模式与监督重点演变。通过质量监督专家咨询座谈、地方各省调研，探索质量监督的工作重点，在分析现有监督模式基础上，创新调整监督工作模式，保证有限监督资源的有效合理分配，并探索从施工阶段向前（设计阶段）和向后（养护阶段）延伸监督的可行性。

2. 完善公路工程质量督查评价体系研究

研究督查指标的代表性、督查指标体系是否完善、督查指标如何体现质量的均匀性等，以进一步优化公路工程质量督查内容、督查方法、督查频次，强化跟踪督查整改结果，提升督查实效。这一部分在借鉴相关行业质量监督评价指标体系和调研分析公路工程质量监督评价指标现状基础上，通过对质量控制技术和质量管理理论的综合分析，进一步建立并完善更具科学性的督查评价体系。

3. 公路工程质量信息统计分析方法研究

2008年和2010年，由交通运输部质监总站牵头，先后两次发布了《关于印发公路水运工程质量和安全事故有关统计报表制度的通知》。统计报表包括路基、路面、桥梁、隧道、安全设施和原材料合计6大类共计34项统计指标。通过对这些指标的统计分析，每年可以对全国公路工程建设质量的宏观水平进行评价，逐步成为交通运输部对全国公路工程建设质量进行宏观把握的判断依据。制度的实施为把握工程质量监督的有效性，提高监督管理的信息化水平，宏观把握全国公路工程建设质量水平具有重要意义。

本书通过函调和个别省份重点调研，调研总结公路工程质量信息统计现状，找出存在的突出问题，结合我国公路工程信息统计实际工作，进行报送数据的规范化、标准化研究和信息统计方法的科学性研究。

第 2 章

新形势下公路工程质量监督重点和监督模式研究

2.1 国外工程质量监督模式

在国外,由于建设工程质量的重要性,无论是发达国家还是发展中国家,均强调政府、社会、业主及相关的企业、事业单位对建设工程质量的监督和管理。建设工程质量实施政府监督管理已成为国际惯例,大多数政府的建设主管部门把制定住宅、城市、交通、环境建设和建筑业质量管理的法规和监督执行作为主要任务,并把大型项目和政府投资项目作为质量管理重点对象。而政府是否介入政府投资的公共工程质量以及民间投资的工程质量的具体监督检查,即政府主管部门是否直接参与微观层次的工程质量监督检查控制,各个国家和地区的情况不尽相同,归纳总结起来大致有 3 种模式[1]。

1. 政府不直接参与微观层次工程质量监督的监督模式

这种模式主要运用法律、市场、经济手段,促使建筑企业提高工程质量。这种监督模式发展得较为成熟的是法国,它在完整法规的基础上,依靠独立的质量检查公司,并以强制性保险为手段来保证工程质量。

按照法国的建筑法规《建筑职责与保险》的规定,凡涉及工程建设活动的所有单位,包括发包人、总承包人、设计、施工、质检等单位,均须向保险公司投保,而保险公司则要求每项工程在建设过程中,必须委托一个质量检查公司进行质量检查,并给予投保单位可少付保险费的优惠。法国全国设有 5 个质量检查公司,都是经政府认可、执行官方意志、独立性很强的民间组织。它们的任务是在设计阶段、施工阶段直至工程验收阶段,确保工程质量达到设计及技术规范要求,保证发包人不受经济损失。法国政府规定,凡具有一定规模和特殊要求的建筑工程都必须委托质量检查公司进行强制性监督检查。其他工程虽未做此规定,但要求每项新建的工程都必须投保,而保险公司一般也要求投保的工程必须经质量检查公司进行监督检查。法国的质量检查公司在营业前,必须取得由政府有关部门组成的委员会审批颁发的证书。

2. 政府直接参与微观层次工程质量监督的监督模式

政府主管部门直接参与工程建设项目质量的监督和检查,如美国、瑞典和新加坡等。

在美国，各个城市市政当局都设有建筑工程质量监督部门，对辖区内公共投资工程和私人投资工程进行强制性监督检查。政府参加工程项目质量监督检查的人员分为两类：一类是政府检查人员；另一类是政府临时聘请或者要求业主聘请的，属于政府认可的外部专业人员。这类监督检查人员都直接参与每道重要工序和每个分部分项工程的检查验收，认定合格后，方可进行下一道工序[2]。

在新加坡，则由其主管部门建筑发展局在每个工地均派有建筑师和结构工程师（称为工程监督员）负责对工程质量进行监督。这类监督检查人员都直接参与每道重要工序和每个分项工程的检查验收，由他们确认合格后，方可进行下一道工序。对工程材料、制品质量的检验，都由相对独立的法定检测机构检测。在所有监督检查中，又以地基基础和主体结构的隐蔽工程作为重点。

3. 政府委托专业机构进行工程质量监督的监督模式

政府主管部门对工程项目的质量监督实行间接管理，比较典型的是德国模式。德国政府对建筑产品的监督管理，是以间接管理为主、直接管理为辅。政府对建筑产品施工过程的间接监督管理主要体现在两个方面：一方面，通过法规、规范、标准等对施工过程进行规范；另一方面由政府主管部门委托授权，由国家认可的质监工程师组建的质量审查监督公司（简称"质监公司"）对工程项目的设计、结构施工中涉及公众人身安全、防火、环保等内容实施强制性监督审查。而政府的直接监督管理主要体现在颁发建筑产品的施工许可证和使用许可证。

德国为加强对建筑工程质量控制，制定有建筑法，规定了监督部门要按国家标准化协会制定的工程建设标准监督施工及验收工作，并建立了完善的质量监督工程师制度。政府对工程质量的监督管理，主要采取由州政府建设主要部门委托或授权，由国家认可的质量监督工程师组成的质量监督审查公司，代表政府对所有新建工程和涉及结构安全的改建工程的质量实行强制性监督审查的模式。在工程质量检查中，对工程材料，一般由承包人负责送到国家认可的工程质量检测机构检测。当发生工程质量事故或发包人与承包人对工程材料、施工质量发生争议时，由质量监督工程师委托国家认可的工程质量检测机构进行检测，检测费用由承包人、发包人或质量监督审查公司中的责任方负担。

为了避免受政府主管部门授权或委托的质量监督机构及专业人士与发包人之间出现雇佣关系，而有失监督检查的客观性、公正性，对工程质量监督检查的费用，德国等国采取了由发包人通过纳税形式向建设主管部门缴纳，然后由建设主管部门付给接受委托的质量监督机构及专业人士的做法。

国外建设工程质量监督管理的主要特征如下。
（1）积极有效的强制性工程担保与保险制度。
（2）发达的工程咨询业规范化和专业化管理。
（3）高效的政府服务职能。
（4）系统强化的行业教育培训。

2.2 其他行业外工程质量监督

项目组对相关行业的质量监督工作进行了调研，分别选取了有代表性的 3 个行业的质量监督机构，分别是住房与城乡建设部、水利部和中国民用航空局的质量监督机构，主要通过3种方式完成调研和调研报告的编写。一是互联网上搜集相关信息，形成初步印象，形成调研大纲；二是带着疑难问题，通过与机构人员面对面的座谈，深化认识，纠正错误；三是通过对这些质监机构的文件和资料的学习，整理出调研报告。

2.2.1 水利工程建设质量与安全监督调研

1. 水利工程质量监督的特性

（1）艰巨性。水利工程建设质量对工程的安全运行至关重要，工程一旦失事，会造成严重的经济损失，给国家和人民带来巨大的灾难。水利工程投资规模大、建设工期长、施工工序繁多，受外界因素影响较大，工程建设地点远离城市，交通不便，生活条件艰苦，质量监督人员为了顺利开展工作，就必须克服各种困难，才有可能完成艰巨的质量监督工作任务。

（2）专业性。水利工程种类繁多，如水库、水闸、堤防、各种农田水利工程等，每类工程又可以分成不同的结构形式。水利工程的水下结构多，这些工程绝大部分无法像工业与民用建筑那样可以进行定型设计，因此，水利工程对建筑材料、施工方法、施工条件等都有自己的要求。水利工程质量监督人员为了完成质量监督工作，就必须具有较强的水利工程专业技术知识。

2. 水利工程质量监督制度的形成及发展

目前，我国水利系统已经建立起比较完善的三级工程质量监督管理体系，制定了比较完善的质量监督管理规章制度、工程质量检验及等级评定办法等。水利工程质量监督制度的实行，在保证政府对工程质量进行管理、保证水利工程建设质量、确保工程安全等方面发挥了巨大作用。

（1）形成阶段（1986—1988年）。我国水利工程质量监督工作开始于1986年，根据《国务院关于改革建筑业和基本建设管理体制若干问题的暂行规定》的要求，原国家水利电力部颁发了《水利电力部基本建设工程质量监督暂行条例》（水电基字〔1986〕47号）。该暂行条例规定水利电力工程实行质量监督制度，规定了质量监督机构的设置层次，明确了各级质量监督机构的任务、权限、组织机构及人员等，水利工程质量监督制度正式形成。水利电力部成立了水利电力基本工程质量监督总站，各地也相继成立了质量监督中心站，开展了质量监督工作。

1988年2月，水利电力部发布《〈水利水电基本建设工程质量等级评定标准（一至六）（试行）〉水工建筑部分》（SDJ 249.1—88）、《金属结构及启闭机械安装工程》（SDJ 249.2—88）、《水轮发电机组安装工程》（SDJ 249.3—88）、《水力机械辅助设备安装工程》（SDJ 249.4—88）、《发电电气设备安装工程》（SDJ 249.5—88）、《升压变电电气设备安装工程》（SDJ 249.6—88）。

（2）发展阶段（1989年至1997年8月）。在总结1986—1988年全国水利电力工程质量监督管理工作经验的基础上，根据工作需要，1989年4月，水利部颁发了《水利基本建设工程质量监督暂行规定》（水建〔1989〕1号），进一步明确了水利工程质量监督机构的性质，对水利工程质量监督的管理体制、质量监督机构的职责和权限、质量监督人员、监督费用、质量检测、奖罚等做了明确规定。

1997年8月25日，水利部颁布了《水利工程质量监督管理规定》（水建〔1997〕339号），该规定对质量监督的工作范围、监督依据、机构和人员、机构职责、质量监督费等作了明确规定。

1997年12月21日，水利部又颁布了《水利工程质量管理规定》（水利部令第7号），该规定明确了水利工程实行政府质量监督制度，明确了业主负责、施工保证、监理控制、政府监督的质量管理体制。

3. 机构设置

（1）水利工程质量监督机构基本情况。《水利工程质量监督管理规定》（水建〔1997〕339号）规定，水利工程质量监督机构按总站、中心站、站三级设置。

1）水利部设置全国水利工程质量监督总站，办事机构设在建设与管理司。水利水电规划设计管理局设置水利工程设计质量监督分站，各流域机构设置流域水利工程质量监督分站作为总站的派出机构。

2）各省、自治区、直辖市水利（水电）厅（局），新疆生产建设兵团水利局设置水利工程质量监督中心站。

3）各地（市）水利（水电）局设置水利工程质量监督站。

各级质量监督机构隶属于同级水行政主管部门，业务上接受上一级质量监督机构的指导。水利工程质量监督项目站（组），是相应质量监督机构的派出单位。

各级质量监督机构的站长一般应由同级水行政主管部门主管工程建设的领导兼任，各级质量监督机构的正副站长由其主管部门任命，并报上一级质量监督机构备案。

水利部水利工程质量监督总站负责全国行业指导，各流域质量监督分站和各省、自治区、直辖市中心站负责本流域和本省（自治区、直辖市）行业指导，各质量监督站负责区域内项目具体质量监督工作的实施，各质量监督站可根据实际情况调整项目站设置和人员安排，大型项目、工期较长的项目，各质量监督站组织专门的项目站。

（2）各级质量监督机构的主要职责。

1）全国水利工程质量监督总站的主要职责。贯彻执行国家和水利部有关工程建设质量管理的方针、政策、法律、法规。制定水利工程质量监督、检测有关规定和办法，并监督实施。归口管理全国水利工程的质量监督工作，指导各分站、中心站的质量监督工作。对部直属重点水利工程建设项目实施质量监督。参加工程的阶段验收和竣工验收。监督有争议的重大水利工程质量事故的处理。掌握全国水利工程质量动态。组织交流全国水利工程质量监督工作经验，组织培训质量监督人员。开展全国水利工程质量检查活动。

2）水利工程设计质量监督分站受委托承担的主要任务。归口管理全国水利工程的设计质量监督工作。负责设计全面质量管理工作。监督有争议的重大水利工程质量事故的处理。掌握全国水利工程设计质量动态，定期向总站报告设计质量监督情况。

3）各流域水利工程质量监督分站的主要职责。对本流域内下列水利工程项目实施质量监督：总站委托监督的部属水利工程；中央与地方合资项目，监督方式由分站和中心站协商确定；省（自治区、直辖市）界及国际边界河流上的水利工程。贯彻执行国家、水利部有关工程质量管理的方针、政策。制定本流域水利工程质量监督、检测有关规定和办法，并监督实施。参加受监督水利工程的阶段验收和竣工验收。监督受监督水利工程质量事故的处理。掌握本流域内水利工程质量动态，及时上报质量监督工作中发现的重大问题。组织交流本流域内水利工程质量监督工作经验，组织培训质量监督人员。开展水利工程质量检查活动。

4）各省、自治区、直辖市水利工程质量监督中心站的主要职责。对本辖区内水利工程建设项目实施质量监督。协助配合由部总站和流域分站组织监督的水利工程的质量监督工作。

5）各市（地）水利工程质量监督站的主要职责。本辖区内水利工程建设项目实施质量监督。

6）质量监督项目站（组）的工作职责。贯彻执行水利部有关工程建设质量管理、质量监督的方针、政策、法律、法规以及上级有关文件规定。受质量监督站委派，对管理范围内的水利工程建设项目实施质量监督。

4. 质量监督项目范围

质量监督范围：水利环保由国家环保总局负责。根据《水利工程质量监督管理规定》（水建〔1997〕339号）和《印发关于贯彻落实加强公益性水利工程建设管理若干意见的实施意见的通知》（水建管〔2001〕74号）的规定，有以下几点。

（1）水利部水利工程质量监督总站组织实施质量监督的项目范围。

1）水利部直接组织建设的项目。

2）流域机构主要负责人兼任项目法人代表的建设项目。

3）国家重点水利建设项目（包括中央项目和地方项目）。

4）水利部和地方政府要求水利部水利工程质量监督总站进行质量监督的项目。

5）建设过程中出现重大质量问题需要重新调整工程质量监督职责（权限）的水利建设项目。

（2）各流域水利工程质量监督分站组织实施质量监督的项目范围。

1）水利部水利工程质量监督总站委托监督的部属水利工程。

2）中央与地方合资项目，监督方式由分站和中心站协商确定。

3）省（自治区、直辖市）界及国际边界河流上的水利工程。

（3）各省、自治区、直辖市水利（水电）厅（局），新疆生产建设兵团水利局设置水利工程质量监督中心站组织实施质量监督的项目范围：上述以外的水利工程。

中央项目原则上由水利部水利工程质量监督总站或其流域分站实施质量监督，地方项目由地方水利工程质量监督机构实施质量监督，也可采取联合质量监督的方式，但必须明确责任方。

5. 水利工程质量监督的依据

对水利工程质量进行强制性的监督管理，其主要依据为两个层面：一是我国现行工程建设质量的有关法律、法规、部门规章、技术标准、规程、规范等；二是批准的设计文件及签订的合同（包括投标文件）等。

（1）法律。水利工程质量监督的法律依据主要有《中华人民共和国水法》《中华人民共和国建筑法》《中华人民共和国招标投标法》《中华人民共和国合同法》《中华人民共和国标准化法》《中华人民共和国计量法》《中华人民共和国产品质量法》《中华人民共和档案法》等。

（2）行政法规。2000年1月30日发布的《建设工程质量管理条例》（国务院令第279号）

（3）部门规章。

- 《水利工程质量管理规定》（水利部令第7号）。
- 《水利工程质量监督管理规定》（水建〔1997〕339号）。
- 《水利工程质量事故处理暂行规定》（水利部令第9号）。
- 《水利工程建设监理规定》（水利部令第28号）。
- 《水利工程建设监理单位资质管理办法》（水利部令第29号）。
- 《水利工程建设项目验收管理规定》（水利部令第30号）。
- 《水利工程质量检测管理规定》（水利部令第36号）。
- 《水利工程建设项目管理规定》《水利工程建设程序管理暂行规定》等一批部门规章及规范性文件。

（4）技术标准。水利工程质量监督工作常用的标准有以下几个。

- 《水利水电工程施工质量检验与评定规程》（SL 176—2007）。
- 《水利水电建设工程验收规程》（SL 223—2008）。
- 《水利工程建设项目施工监理规范》（SL 288—2003）。
- 《水利水电工程单元工程施工质量验收评定标准》及相关的建筑、公路、电力等行业标准。

（5）其他。设计文件、承包合同等。

6. 质量监督工作内容及监督方式

（1）主要监督工作内容。与交通行业类似，监督对象为建设各方质量行为和工程实体质量。主要监督工作内容有：开工前对各单位的资质等级和营业范围进行复核，对各方的质量保证体系实施监督检查；工程施工中，对项目的单位、分部和单元工程划分进行监督，参与受监督工程重要隐蔽工程及工程关键部位的验收和质量评定；对大型枢纽工程主体建筑物的分部工程施工质量等级进行核定；抽查产品生产许可证、检测手段和构件质量，参与受监督工程质量事故的调查、分析和处理。

（2）主要监督方式。大型水利工程建立质量监督项目站，中、小型水利工程可根据需要建立质量监督项目站（组），也可以进行巡回监督。

从工程开工前办理质量监督手续始，到工程竣工验收委员会同意工程交付使用止，为水利工程建设项目的质量监督期。

水利工程建设项目质量监督方式以抽查为主，发现问题，责令整改。

水利工程质量监督方式有抽查、定期组织专家组开展质量巡查、设立项目站常驻开展日常监督3种。一般项目以抽查为主，重点项目进驻。质监总站设项目站（一般为3～5人）常驻项目，省中心站一般不设项目站常驻，只巡查。339号文明确规定，水利工程建设项目质量监督方式以抽查为主。质量监督的重点是主体工程、影响质量安全的工程。根据工程项目建设进展情况，在项目站日常监督检查的基础上，开展质量监督巡查能够及时了解和掌握工程实时质量动态，项目站的工作成果为监督检查结果通知书、质量监督报告和质量监督简报。

巡查：常设质量巡查专家组，印发质量监督检查情况通报，现场常驻日常检查，由监督总站派人。关键部位和隐蔽工程要签字。总站一级做到在项目上常驻人，下面各级只是巡查。另外，在开展质量监督巡查的同时，委托符合资质要求的第三方水利工程检测单位对有关工程进行质量抽检，目的是发现问题。

（3）工程质量监督的权限。

1）对监理、设计、施工和有关产品制造单位的资质等级、经营范围、信用等级以及主要人员进场情况进行核查，发现越级承包工程等不符合规定要求的，责成建设单位限期改正，并向水行政主管部门报告。

2）质量监督人员进入施工现场对工程原材料及设备等执行质量监督。对使用未经检验或检验不合格的建筑材料、构配件及设备等，责成建设单位采取措施纠正。

3）对工程有关部位进行检查，调阅建设、监理和施工单位的检测试验成果、检查记录和施工记录。

4）对违反技术规程、规范、质量标准或设计文件的施工单位，通知建设、监理单位采取纠正措施。

5）问题严重时，可向水行政主管部门提出整顿的建议。提请有关部门奖励先进质量管理单位及个人。对需要实施行政处罚的工程建设有关责任主体，上报水行政主管部门进行行政处罚。提请有关部门或司法机关追究造成重大工程质量事故的单位和个人的行政、经济、法律责任。

（4）竣工验收。由竣工验收委员会负责。工程项目的施工质量等级由该项目质量监督机构在单位工程质量评定的基础上进行核定。质量监督机构应在工程竣工验收前提出工程施工质量评定报告，向工程竣工验收委员会提出工程施工质量等级的建议。竣工验收工作方面，提供质量监督报告，要表达意见，即工程质量是否合格，但只是建议。竣工检测由竣工主持单位业主委托符合资质要求的单位，不一定是质监部门。竣工验收前提出工程质量监督报告，作为竣工验收文件之一。工程施工质量是否合格的建议，规范标准中规定得很具体，由各参检单位提供资料，监督部门抽查得到结论。

（5）监督工作内容。工程施工中，参与受监工程重要隐蔽工程及工程关键部位的验收和质量评定；对大型枢纽工程主体建筑物的分部工程施工质量等级进行核定。

单位工程验收前，对单位工程施工质量进行等级核定，编制单位工程施工质量评定报告，提交给单位工程验收委员会。工程竣工验收前，对工程施工质量进行等级核定，编制工程施工质量评定报告，并向工程竣工验收委员会提出工程项目施工质量等级建议。

7. 存在的问题

（1）水利监督机构的性质、定位和职责的确定执行不好。

（2）监督机构没有完全实体化，挂在上级单位（水利部或水利厅里），性质未确定，缺编。

（3）质量监督经费渠道尚需完善。人员经费存在较大缺口，质量监督检测缺少专门经费，行业外涉水项目质量监督如何落实尚无具体规定，承担监督项目越多经费缺口越大。

（4）质量监督机构定位不准。把质量监督机构等同为参建方或工程质量管理的具体参与者，监督任务繁重，从现有体制设计和工作条件上直接导致了监督机构的不作为。

（5）现有质量监督队伍的人员素质、人才结构还无法满足工作的实际需要，监督人员整体能力较差。大部分质监人员为外聘人员，人员交替频繁，队伍稳定性和可持续性不足。监督人员工资和生活待遇标准偏低，工作积极性不高。监督人员偏老龄化，专业单一，人员管理体制难以吸引高素质人员加入。

（6）质量监督管理规章制度不能满足现行要求，相关的质量评定规程规范、质量标准也要进行修订，在执行上有配套难的问题。

（7）行业监督存在的"同体"问题。质量监督机构与项目建设单位甚至监理单位或施工单位隶属同一行政主管部门管理，行政主管部门对质量监督机构、项目建设单位、监理单位或施工单位等都负有相应的管理责任。这种现象可以理解为"质量监督的同体问题"。

2.2.2 民航专业工程质量监督工作调研

1. 基本情况

中国民用航空总局民航专业工程质量监督总站成立于2000年，2005年正式独立开展监督工作，2009年取消监督费。系中编办批准的民航总局直属的全额拨款事业单位，下设7个地区质量监督站，编制60人，在编人员不到20人。主要职能是对民航专业工程实施质量监督，总站负责重点工程的质量监督，7个地区质量监督站负责本区域内非重点工程的质量监督。7个机场处和地区质量监督站一个机构两块牌子，不负责安全的监督。

2. 质量监督机构的主要职责

（1）贯彻执行国家和民航总局有关民航专业工程质量管理的政策、法规、规定。

（2）负责对民航专业工程质量的法律、法规和强制性标准执行情况的监督检查。

（3）组织实施对民航专业工程的质量监督，参加工程的阶段性验收和竣工验收。

（4）检查质量责任主体资质等级的符合性。

（5）依据本规定编制质量监督机构的管理制度、工作程序及质量监督工作实施细则。

（6）接受委托参与民航专业工程重大质量事故的调查处理。

（7）组织质量监督人员的培训及考核评定工作。

3. 质量监督管理相关标准

质量监督管理相关标准有《民航专业工程质量监督管理规定》（中国民用航空总局令第178号）、《关于进一步明确民航建设工程招投标管理和质量监督工作职责分工的通知》（民航发〔2011〕34号）、《民用机场飞行区工程竣工验收质量检验评定标准》（MH 5007—2000）。

4. 民航专业工程质量监督

民航建设工程质量监督分工（民航发〔2011〕34号）：民航建设工程中民航专业工程的招投标管理和质量监督工作由民航局负责。民航专业工程包括：飞行区场道工程（含土方、基础、道面、排水、桥梁）及巡场路、围界工程等；民航空管工程；机场目视助航工程；航站楼、货运站的工艺流程及民航专业弱电系统工程；航空供油工程〔民航建设工程中，航站楼、机务维修设施、货运系统、油库、航空食品厂等工程的土建和水、暖、电气（不含民航专业弱电系统）等设备安装工程属于非民航专业工程，其招投标管理和质量监督工作由县级以上人民政府住房城乡建设行政管理部门负责]。

民航专业工程质量监督过程如下。

(1) 申报受理。建设单位应当在民航专业工程动工前办理质量监督手续,提交相关资料。符合条件的出具《民航专业工程质量监督方案书》,明确监督重点、内容与方式。

(2) 施工过程中质量监督。现场监督目的是发现问题,主要检查四方面内容:一是质量行为检查,包括工程资料的归整情况,招投标的总包、分包情况,工艺设备安装情况以及工程进度情况;二是条件符合性检查,包括建设程序的履行情况,所有参建单位质量体系的建设情况和执行情况,质量保证措施建设与执行情况,项目法人资质情况等;三是工程实体质量抽查,通过抽查水泥混凝土试块抗压强度检验工程强度,通过道面芯样检验道面层厚度,通过对比内业资料,判断工程是否按照设计要求进行施工;四是上一次检查结果监督通知书内容整改情况复查。

(3) 验收。参加建设单位组织的竣工验收,合格后出具质量监督报告;参加行业主管部门组织的行业验收。没有质量等级的核定。

5. 民航专业工程质量监督特点

(1) 点多面广,跨地域监督。每年有 20 多个项目在施工,监督人员相对较少。

(2) 对场内路面罩面等维修工作,不停航施工。

(3) 由于施工接缝要求较高,多台摊铺机同时施工,备料、机械设备协同工作要求高。

(4) 试验检测机构目前尚未统一的标准。

(5) 下一步将完善组织机构体系,健全相关标准规范,使监督工作更加清晰、有效。

(6) 现场监督主要是审阅内业资料、听和看。

(7) 每两年总局对地区监督站进行为期一周的培训,监理单位人员也可报名参加。

(8) 根据项目进度和项目特点随机进行质量监督的检查。

年初对每个项目节点制定监督规划,按照实施。每项目每年进行 3~4 次的质量监督。总站整体质量监督工作停留在具体项目的质量监督工作上,没有上升到民航专业质量监督的行业管理、行业法规制定和质量动态掌控上。

2.2.3 住房和城乡建设部质量监督工作调研

住房和城乡建设部内设 15 个司,质量监督工作由工程质量安全监管司负责,其具体职责为:拟订建筑工程质量、建筑安全生产和建筑工程竣工验收备案的政策、规章制度并监督执行;组织或参与工程重大质量、安全事故的调查处理;组织拟订建筑业、工程勘察设计咨询业技术政策并监督执行;组织工程建设标准设计的编制、审定和推广;组织编制城乡建设防灾减灾规划并监督实施;拟订各类房屋建筑及其附属设施和城市市政设施的建设工程抗震设计规范。工程质量安全监管司又内设工程质量监管处、质量处等。

1. 建设工程质量监督制度的 3 个阶段

(1) 企业自行检查阶段(1984 年之前)。在 1984 年之前,计划经济体制深刻地影响着建筑行业,普遍存在着政企不分的现象,此时对建设工程质量的管理完全依靠企业自身的质量管理制度或企业内部设立的质量管理机构。

(2) 工程质量监督核验阶段 (1984—2000年)。1983年5月，以原城乡建设环境保护部、原国家标准局公布的《关于试行〈建筑工程质量监督条例〉的通知》为标志，国家开始初步建立工程质量监督制度。

1990年，原建设部制定了《建设工程质量监督管理规定》，对工程质量监督机构职责和监督工作内容做了明确的规定。该规定第九条规定的工程质量监督的职责有以下几点。

1) 核查受监工程勘察、设计、施工单位的建筑构件厂的资质等级和营业范围。

2) 监督勘察、设计、施工单位和建筑构件厂严格执行技术标准，检查其工程（产品）质量。

3) 核验工程的质量等级和建筑构件质量，参与评定本地区、本部门的优质工程。

4) 参与重大工程质量事故的处理。

5) 总结质量监督工作经验，掌握工程质量状况，定期向主管部门报告。

《建设工程质量监督管理规定》第十七条规定的监督工作内容包括以下几点。

1) 工程开工前，监督员应对受监工程的勘察、设计和施工单位的资质等级及营业范围进行核查，凡不符合规定要求的不得开工；施工图设计质量监督，主要审查建筑结构、安全、防火和卫生等，使之符合相应标准要求。

2) 工程施工中，监督员必须按照监督计划对工程质量进行抽查；房屋建筑和构筑物工程的抽查重点是地基基础、主体结构和决定使用功能、安全性能的重要部位，其他工程的监督重点视工程性质确定；建设构件质量的监督，重点是核查生产许可证、检测手段和构件质量。

3) 工程完工后，监督站在施工单位验收的基础上对工程质量等级进行核验。

在这一阶段，工程质量监督机构全面、深入参与了建设工程的质量管理，监督人员侧重于对工程实体质量的监督检查。

(3) 工程质量监督备案阶段 (2000年至今)。2000年，国务院发布《建设工程质量管理条例》，就参建单位的质量责任和义务，以及建设工程质量监督管理做了相关规定，其中以下内容对工程质量监督管理制度的变革和发展产生了深远影响。

该条例明确了由建设单位组织对建设工程进行竣工验收，确立了建设工程竣工验收备案制度，从而取消了监督机构对工程质量的核验，彻底转变了实行10多年的对建设工程的监督核验制度。

2010年9月1日，住房和城乡建设部颁布实施了《房屋建筑和市政基础设施工程质量监督管理规定》（住房和城乡建设部令第5号，以下简称"5号部令"）。5号部令从监督机构定位、监督工作内容、监督工作程序到监督机构和人员的考核管理等方面，对工程质量监督工作作了比较系统、科学的规定，是指导当前和今后一个时期全国工程质量监督管理工作的重要纲领性文件。5号部令中质量监督管理的新特点如下。

1) 除保留了对工程竣工验收工作的监督外，其余的对工程质量的监督工作均变为抽查的方式，从而缓解了监督资源与工程规模之间的矛盾。

2) 规定工程质量监督管理工作包括依法对违法违规行为实施处罚，从而进一步明确了质量监督工作的行政执法属性。

2. 法律法规及技术标准

住房和城乡建设部已拥有成熟的法律法规体系，见表2-1、表2-2。

表 2-1 建设工程质量方面的法律、法规及规章表

法　律					
序号	文　号	颁布日期	颁布单位	法　律　名　称	备注
1	第 91 号令	1997-11-1	主席	中华人民共和国建筑法（注：已被 2011 年 4 月 22 日主席令第 46 号修改）	其他

行　政　法　规					
序号	文　号	颁布日期	颁布单位	法　规　名　称	备注
1	第 279 号令	2000-1-30	国务院	建设工程质量管理条例	其他
2	第 530 号令	2008-7-23	国务院	民用建筑节能条例	节能

住房和城乡建设部规章					
序号	文　号	颁布日期	颁布单位	规　章　名　称	备注
1	1999 年 10 月 15 日建设部令第 71 号发布，根据 2001 年 7 月 4 日《建设部发布关于修改（建筑工程施工许可管理办法）的决定》修正	1999-10-15	住房和城乡建设部	建设工程施工许可管理办法	市场
2	第 80 号令	2000-6-26	住房和城乡建设部	房屋建筑工程质量保修办法	其他
3	第 81 号令	2000-8-25	住房和城乡建设部	实施工程建设强制性标准监督规定	监督
4	第 124 号令	2004-2-3	住房和城乡建设部	房屋建筑和市政基础设施工程施工分包管理办法	市场
5	第 141 号令	2005-9-28	住房和城乡建设部	建设工程质量检测管理办法	检测
6	第 143 号令	2005-11-10	住房和城乡建设部	民用建筑节能管理规定	节能
7	第 147 号令	2006-1-20	住房和城乡建设部	注册监理工程师管理规定	人员
8	第 153 号令	2006-12-28	住房和城乡建设部	注册建造师管理规定	人员
9	第 2 号令	2009-10-19	住房和城乡建设部	房屋建筑和市政基础设施工程竣工验收备案管理办法	验收
10	第 5 号令	2010-8-1	住房和城乡建设部	房屋建筑和市政基础设施工程质量监督管理规定	监督

表 2-2 住房和城乡建设部建设工程质量方面的规范性文件

住房和城乡建设部规范性文件					
序号	文　号	颁布日期	颁布单位	规范性文件名称	备注
1	建建〔2000〕142 号	2000-6-30	住房和城乡建设部	关于印发《房屋建筑工程和市政基础设施工程竣工验收暂行规定》的通知	验收
2	建建〔2000〕211 号	2000-9-26	住房和城乡建设部	关于印发《房屋建筑工程和市政基础设施工程实行见证取样和送检的规定》的通知	材料
3	建办质〔2002〕17 号	2002-3-1	住房和城乡建设部	关于加强建筑工程室内环境质量管理的若干意见	其他

续表

序号	文号	颁布日期	颁布单位	规范性文件名称	备注
4	建市〔2002〕189号	2002-7-17	住房和城乡建设部	关于印发《房屋建筑工程施工旁站监理管理办法（试行）》的通知	监理
5	建标〔2003〕38号	2003-1-27	住房和城乡建设部	关于加强无障碍设施建设和管理工作的通知	其他
6	建质〔2003〕167号	2003-8-15	住房和城乡建设部	关于建设行政主管部门对工程监理企业履行质量责任加强监督的若干意见	监理
7	建质质函〔2005〕136号	2005-11-3	住房和城乡建设部	关于印发《市政基础设施工程实体质量监督工作指南》的通知	监督
8	建质〔2006〕192号	2006-7-31	住房和城乡建设部	关于印发《民用建筑工程节能质量监督管理办法》的通知	节能
9	建市〔2007〕171号	2007-7-4	住房和城乡建设部	关于印发《注册建造师执业工程规模标准》（试行）的通知	人员
10	建质〔2007〕184号	2007-7-26	住房和城乡建设部	关于印发《建设工程质量监督机构和人员考核管理办法》的通知	监督
11	建质函〔2007〕379号	2007-12-21	住房和城乡建设部	关于印发建设工程质量监督机构考核证书和监督人员资格证书式样的通知	监督
12	建质〔2008〕19号	2008-1-29	住房和城乡建设部	关于印发《民用建筑节能工程质量监督工作导则》的通知	节能
13	建市〔2008〕42号	2008-2-21	住房和城乡建设部	关于印发《注册建造师施工管理签章文件目录》（试行）的通知	人员
14	建市〔2008〕48号	2008-2-26	住房和城乡建设部	关于发布《注册建造师执业管理办法》（试行）的通知	人员
15	建市监函〔2008〕49号	2008-6-2	住房和城乡建设部	关于印发《注册建造师施工管理签章文件（试行）》的通知	人员
16	建质〔2010〕5号	2010-1-8	住房和城乡建设部	关于印发《城市轨道交通工程安全质量管理暂行办法》的通知	轨道
17	建质〔2010〕111号	2010-7-20	住房和城乡建设部	关于做好房屋建筑和市政基础设施工程质量事故报告和调查处理工作的通知	其他
18	建市〔2011〕86号	2011-6-24	住房和城乡建设部	关于进一步加强建筑市场监管工作的意见	市场

3. 监督执法重点

（1）抽查建设、施工、监理单位的工程质量行为，重点是执行法律法规和工程建设强制性标准的情况。

（2）抽查涉及工程主体结构安全和主要使用功能的工程实体质量。

（3）抽查主要建筑材料、建筑构配件的质量。

（4）监督建设单位组织的工程竣工验收，重点是对验收的组织形式、程序等是否符合有关规定进行监督执法。

（5）对发现的建设、施工、监理单位的违法违规行为进行处理。

4. 住房和城乡建设部质量监督例行检查工作

(1) 每个月对房屋市政工程生产安全事故情况进行检查通报。

(2) 每季度对房屋建筑工程质量事故质量问题进行通报。每个安全事故后下发《房屋市政工程生产安全较大及以上事故查处督办通知书》，要求自事故发生日起两个月内将查处情况报告住建部（附事故调查报告、政府批复、住房城乡建设部门处罚文件等材料）。

(3) 每年两次大检查。

1) 在建城市轨道交通工程质量安全检查工作分为自查和督查两阶段，时间为每年5—8月。第一阶段（5月到8月上旬），各地住房城乡建设主管部门组织开展自查和整改。第二阶段（每年8月下旬），在各地自查的基础上，住建部组织督查。部分城市在建轨道交通工程质量安全督查与全国建设工程质量安全及建筑市场监督执法检查统一部署，具体时间和安排另行通知。

2) 全国建设工程质量安全及建筑市场监督执法检查。每年4月下文，各省先自查，自查报告7月底上报，然后住建部在8—9月督查。将本省工程质量安全自查情况报住建部工程质量安全监管司，将建筑市场自查情况报住建部建筑市场监管司。

(4) 城乡抗震防灾统计报表工作。按照《住房和城乡建设重要指标参考数据表》的编制要求，就城市抗震防灾规划编制情况和超限高层建筑工程抗震设防专项审查情况开展统计工作。

(5) 工程质量监督工作还存在一些问题。由于历史背景、行政体制、法制环境、思想意识、行为习惯等因素的影响或制约，工程质量监督工作仍存在一些问题，主要体现在以下几个方面。

1) 工程质量监督机构的独立性和权威性有待进一步加强。工程质量监督机构是受建设行政主管部门委托，从事工程质量监督具体工作的组织。然而，5号部令规定的质量监督工作内容里，不仅有行政检查，还有行政处罚，这样建设行政主管部门在将工程质量监督工作委托给监督机构的同时，往往还需将建设工程质量方面的行政处罚工作委托监督机构实施。质量监督工作的执法属性在增强，而从事质量监督工作的工程质量监督机构却不是行政执法主体，其法律地位仍然停留在受行政机关委托，在委托权限内，以委托机关名义从事行政执法工作的组织这样一种尴尬的地位，大大降低了质量监督机构的独立性和权威性。

2) 工程质量监督机构的职责应进一步明确。在2000年之前的质量监督核验阶段，工程质量监督机构及监督人员全面、深入参与工程建设过程，因为对工程竣工质量进行了核验，而成为工程建设活动的参与者、工程质量责任的承担者；然而在2000年之后的质量监督执法阶段，工程质量监督机构及监督人员逐渐转变为代表国家和政府，依法对工程责任主体的行为进行监督的执法者。

然而，在目前建设工程质量事故频发的情况下，工程质量监督机构作为政府的工程质量监管部门，理所当然地成为关注焦点而面临很大的追责压力，造成了目前监督机构质量监督工作的畏首畏尾、谨小慎微。因此，应进一步明确监督机构的这种"裁判员"职责，即对工程参建主体依法履行质量责任的行为进行监督，并对发现的违法违规行为依法进行查处。

3）监督资源与工程建设规模的矛盾依然突出。建设工程规模在高速扩张，而工程质量监督机构及监督人员数量由于编制、财政等原因没有得到相应补充，致使监督力量与监督任务之间的矛盾日益突出。

4）监督人员在监督执法工作中主观性、随意性强。工程质量监督执法工作的开展，需要监督执法人员具备一定的专业知识和工作经验，而正是这些知识和经验在工程质量监督执法工作中主导着监督人员的行为。因此，如何规范监督执法行为、理顺监督执法程序、避免主观因素的影响、减少渎职等行政违法违规行为的机会和风险，使监督执法人员能根据某一具体工程的具体情况依法、科学、高效并有针对性地开展监督执法工作，成为各地工程质量监督机构亟待解决的问题。

5）工程质量监督执法工作的科学性和规范性尚显不足。建设工程质量监督执法工作是在实践经验基础上发展起来的，监督执法工作质量很大程度上取决于监督执法人员的责任心、业务素质、法律意识和专业技能，而目前监督执法工作质量没有统一的衡量标准、监督执法人员的个体差异较大，造成质量监督执法工作水平参差不齐，再加上对建设工程质量监督执法工作系统、全面的研究仍处于起步阶段，尚未形成能切实指导实际工作的理论体系，从而造成当前工程质量监督执法工作的科学性、规范性不足的局面。

2.3 公路工程质量监督发展历程

1987年交通部交通基本建设质量监督总站的设立，标志着我国公路工程质量监督发展的起步，至今已走过32年的发展历程。回顾我国公路工程质量监督发展历程，我国各级公路工程质量监督机构经历了机构及人员不断发展壮大、职责及职能不断健全与改善、监督工作水平不断提高的过程，很好地完成了政府赋予的建设工程质量监督任务，为促进公路建设工程质量水平的提高发挥了巨大作用。如果将我国公路工程质量监督发展历程按照规模及职能的转化作为节点进行阶段划分，可以大致分为质量监督机构建立发展初期阶段（1987—1998年）、质量监督机构稳步健康发展阶段（1999—2008年）、"站改局"进一步转变和深化质量监督职能阶段（2009年至今）。下面对这3个发展阶段进行简要总结与回顾。

1. 质量监督机构建立发展初期阶段及特点

从新中国成立到十一届三中全会前的30年间，我国公路基础设施建设是在高度集中的计划经济体制下运行，此时的工程建设监督属于政府部门的单项行政管理，是按行政系统对下级的工作监督，对工程质量的保证主要依靠施工单位的自我监督。

十一届三中全会以后进入改革开放的新时期，我国工程建设活动发生了一系列重大变化，投资开始有偿使用，建设任务逐步实行招标承包制，施工单位开始摆脱行政附属地位，向独立的商品生产者转化，工程建设监督需要政府采取专业的质量监督，以形成企业内部保证和外部监督的双控体制。1984年9月国务院颁发《关于改革建筑业和基本建设管理体制若干问题的暂行规定》，明确提出了建立有权威的政府工程质量监督机构的指示精神，交通部于1987年发布了《交通部基本建设工程质量监督管理暂行办法》（〔87〕交基字762号）（以下简称《暂行办法》），明确设立交通部基本建设质量监督总站，并要求各省设立省级质量监督站，同年10月交通部正式设立了基本建设质量监督总站。其主要任务包括：制定工程质量监督工作的管理办法和有关规章制度[4]，统一指导并管理水运及公路工程质量监督网，组织业务培训，交流工作经验，检验工程质量等级和国家及部级优质工程；参与大型项目设计审查、指标资格审查和竣工验收；统一规划建立和管理行业性的工程质量检验测试中心。

按照《暂行办法》的要求，各地分别成立海港、内河、公路工程项目的工程质量监督站，由交通部总站实行统一的行业业务领导与管理。其中江苏、广东、广西、海南、黑龙江、辽宁等省（自治区）交通质监机构于20世纪80年代后期相继成立；安徽、甘肃、四川、上海、天津、新疆等省（自治区、直辖市）交通质监机构于20世纪90年代初期成立。

20世纪90年代的近10年为全国质量监督机构建立、完善的初期发展阶段。这一时期，省级质量监督机构主要由各省、自治区、直辖市的交通基本建设主管部门和各大中型港、内河、公路工程项目的建设单位组成，同时按照《暂行办法》的要求，质监人员需配备5年以上设计、施工实践的各类专业工程技术人员为监理人员，可聘请符合条件的技术人员为监理人员，各级质量监理人员经考核合格后，由上一级质监机构签发监理证书。在监督经费方面，《暂行办法》要求质量监督与检验测试费用由各质监站根据国家计委和中国人民建设银行联合发布的计施〔1986〕307号文件的有关规定，结合实际情况制定相应的收费标准，各质监站向总站上交所收监督检测费总额的15%，作为总站开展质监工作的活动经费。

为加强政府对公路、水运工程质量的监督管理，提高公路、水运工程质量和投资效益，交通部于1992年、1993年分别发布了《公路工程质量监督暂行规定》《水运工程质量监督暂行规定》。两个文件分别从公路和水运工程两个方面对质量监督站的机构性质、质监人员配备以及监督工作经费进行了明确和规定。

在机构性质方面，《公路工程质量监督暂行规定》首次明确了公路工程质量监督部门是政府对公路工程质量进行监督管理的专职机构，依据国家有关法规和部颁的现行技术规范、质量检验评定标准[5]，代表政府对公路工程质量进行强制性的监督管理。各级质监站为独立核算的事业单位，隶属同级政府交通主管部门，业务上受上一级质监站指导。

在质监人员配备方面，《公路工程质量监督暂行规定》要求各级质监站应按监督工程范围配备质量监督人员（以下简称"质监人员"）。质监人员数量由同级交通主管部门根据专业结构合理、配套的原则，征求上级质监站意见后确定。质监站中直接从事工程质量监督工作的工程技术人员不少于该站人员总数的70%。其岗位资格分为监督工程师和监督员。

在监督工作经费方面，《公路工程质量监督暂行规定》明确工程质量监督和检测按有关规定收取费用，交通系统内的受监工程也可由各交通主管部门在年度计划中专项安排，由质监站统一管理使用。《水运工程质量监督暂行规定》明确，质监人员的工作岗位主要在施工现场，劳动保护、福利待遇由其行政主管部门参照当地施工现场质量检查人员的标准确定；水运工程质量监督和检测按国家有关规定收取费用。质监费的费率为受监工程概算的1.5‰~2.5‰；经济特区及邻近地区可略高于当地建筑工程质量监督站监督收费的有关规定。土建工程参照当地建筑工程质量监督站监督收费的有关规定。质监站为独立核算、非营利性的事业单位,当所收取的质监费不能满足开展质监工作需要时,由其主管部门或挂靠单位行政拨款予以解决。

总体来说,这一时期省级质量监督机构无论在机构性质、人员组成、职责范围还是在工作经费来源等各个方面都尚不明确,质量监督手段较为单一,以发现和纠正施工现场存在的质量问题为主要工作任务。

2. 质量监督机构稳步健康发展阶段及特点

20 世纪 90 年代末期,在全国各级交通主管部门的大力支持下,全国质监体系逐步完善,机构逐步健全,职责逐步明晰,交通建设质量监管能力大大提高,质监工作向着更加良好的态势发展。《公路工程质量监督规定》(交通部令 2005 年第 4 号)等各种部门规章、规范性文件的相继出台和实施(具体部门规章、规范性文件见表 2-3),公路工程质量监督管理逐步得到加强。

表 2-3　　　　　　　　交通行业部门规章、规范性文件汇总表

序号	文件名称	文号
1	内河航运建设项目(工程)竣工验收办法	交通部交发〔1996〕911 号
2	公路工程质量管理办法	交通部交公路发〔1999〕90 号
3	公路工程质量事故等级划分和报告制度	交公路发〔1999〕90 号的附件
4	建设工程质量管理条例	国务院令 2000 年第 279 号
5	水运工程质量监督规定	交通部令 2000 年第 3 号
6	公路工程竣(交)工验收办法	(交通部令〔2004〕第 3 号)
7	关于贯彻执行竣(交)工验收办法有关事宜的通知	交通部交公路发〔2004〕446 号
8	公路工程质量检验评定标准	(JTG F80/1—2004)
9	港口工程竣工验收办法	交通部令 2005 年第 2 号
10	公路工程质量监督规定	(交通部令 2005 年第 4 号)
11	关于实施公路建设项目施工许可工作的通知	交通部交公路发〔2005〕258 号
12	公路水运工程试验检测管理办法	交通部令 2005 年第 12 号
13	公路建设监督管理办法	交通部令 2006 年第 6 号
14	公路工程质量督查办法	交通部质监公字〔2007〕5 号
15	航道工程竣工验收管理办法	交通部令 2008 年第 1 号
16	关于印发公路水运工程质量安全督查办法的通知	交质监发〔2008〕52 号
17	关于严格落实公路工程质量责任制的若干意见	交通部交公路发〔2008〕116 号
18	关于进一步加强公路水运工地实验管理工作的意见	交通部质监字〔2009〕183 号
19	公路工程竣(交)工验收办法实施细则	交公路发〔2010〕65 号

在这一时期,对工程实体与管理行为并重进行监督是监督工作的重要特点。20 世纪 90 年代末期,现场监督纠正问题已不能完全满足日益繁重的监督任务。监督工作重点也发生了相应的转移,即监督工作由过去的重视现场施工质量,到将监督工作范围延伸到工程质量隐患形成的各个主要过程及环节;由过去的重实体质量抽查向监督检查建设各方质量管理行为及保证体系的建立、完善和运行与工程实体监督检查并重的监督方式的重大

转变；监督方式也由过去的单一监督抽查转变为质量大检查、专项检查、驻地监督检查、质量巡查4种方式进行。加大了对参建各方质量管理程序、管理行为的检查力度，重点突出对工程的重要环节和关键工序的监督检查，重视监督检查发现问题的跟踪处理和反馈、回访。监督重点的转移和监督方式的转变进一步促进了工程质量的有效控制。

在这一时期，工程质量管理体系转变为"政府监督、业主管理、监理控制、施工负责"的质量管理体系，进一步强化了工程质量的全过程、全方位管控和终身责任追究制的落实。充分发挥项目法人对工程质量管理的主导作用，强化并落实施工企业的主体责任、监理单位的监控责任，是这一时期政府质量监管十分重要的内容。自2004年起，交通部基本建设质量监督总站引入安全监督职责，此后，全国各质量监督机构大部分引入安全监督职责，交通部2007年第1号部令颁布《公路水运工程安全生产监督管理办法》，进一步加强了质量监督机构安全监督职责履行的依据。除以质量安全为主要监督职责外，部分省级交通主管部门也积极探索和适应工程建设新形势和变化的需要，将环保监督纳入省级质监机构，如江西省交通工程质量监督站。目前，江西省交通工程质量监督站受省交通运输厅委托，履行公路水运工程质量监督、省重点工程施工现场安全生产监督检查和厅环境保护三大职责。

总体来说，强化对从业单位工程质量管理体系和施工安全监管是这一时期政府质量安全监督机构监督的重要特点。

3. "站改局"进一步转变和深化质量监督职能

随着交通运输行业管理体制改革的深入推进，为更好地履行各项管理职能的客观要求，深化交通行政体制改革，最初建立的质量监督站已不能完全满足工程建设的需要，质量监督站改为质量监督局势在必行。交通工程质量监督机构实施"站改局"，是更好履行政府赋予的各项监督管理职能的客观要求，是深化交通行政体制改革和依法行政的重要措施，是交通大建设、大发展形势下提高政府监督效能，更好、更充分发挥政府监督职能的迫切需要，也是促进交通建设质量安全长期稳定发展的现实需要。

交通运输部办公厅厅函体法（2008）172号，将交通运输部基本建设质量监督总站更名为"交通运输部工程质量监督局"，随后各省（自治区、直辖市）相继由质量监督站改为质量监督局，即"站改局"。目前山东、河南、北京、上海、广东、福建、浙江、湖南、湖北、云南、四川等26个省（自治区、直辖市）交通机构由站更名为局，其他省（自治区、直辖市）的交通质监机构也在进行相应的更名工作中。全国质量监督站改为质量监督局，即"站改局"，实际上不仅是名称的改变，更重要的是全国各交通工程质量监督机构职能将进一步按照"责权一致"的原则，理顺交通建设质量和安全监管体制，创新监督工作方式方法，努力提高监督工作实效，为促进交通事业健康快速发展做出新的更大的贡献[6]。

目前，全国大部分省（自治区、直辖市）的质量监督机构已基本划归到参照公务员管理的行政类事业单位，同时全国事业单位的归类改革正在进行中。全国质量监督机构的监督职能随着全国事业单位的改革，正逐步由质量监督向履行政府监督管理方向发展，但全国发展不尽平衡。有的省监督机构直接划入政府机构中，作为交通主管部门的一个处履行监督管理职能（如江苏省质监局、四川省的个别市级监督机构），而大部分监督局是作为交通主管部门的履行质量监督管理职能的局。全国大部分省市的质量监督机构的监督工作正以建设从业单位的行为监管为主,努力将质量安全监督进入到行政监督执法的序列,进一步落实建设工程质量责任,查处不履行责任的参建单位,从根本上规范建设市场是这一时期监督工作的特点。

综上所述,我国质量监督工作的发展历程,实际上经历了:早期阶段主要针对工程实体的监管,以发现和纠正建设工程中的质量问题为主要任务;发展中期重点是针对施工工艺及管理行为,特别注重对建设从业单位管理行为的监督;站改局是进一步转变和深化质量监督职能的重大转变,监督机构逐步由单纯的监督转变为政府的质量监督管理,并向行政监督执法转变,随着全国事业单位改革的进行,目前质量监督机构的监督职能还未完全明确,这种监督职能的转变还在进行中。因此,监督模式的创新和提高监督工作的实效性是现阶段发展的重要目标之一。3个质量监督发展阶段及特征见表2-4。

表2-4　　　　　　　　　　我国质量监督发展阶段及特征

阶段	时间	监督工作方式	监督工作任务	工作重点
初期阶段	1987—1998年	施工现场监督抽查	以发现和纠正施工现场存在的质量问题为主要工作任务	收取费用;重点对现场工程质量监督和检测
发展中期	1999—2008年	质量大检查、专项检查、驻地监督检查、质量巡查4种方式	将监督工作范围延伸到工程质量隐患形成的各个主要过程及环节	对工程实体与管理行为并重进行监督,强化对从业单位工程质量管理体系和施工安全的监管
站改局阶段	2009年至今	督查(综合检查)、巡查、专项检查	将质量安全监督进入到行政监督执法序列,进一步落实建设工程质量责任,查处不履行责任的参建单位	深化交通行政体制改革和依法行政,由质量监督逐渐转化为监督管理

2.4 公路工程质量内涵拓展的研究

2.4.1 公路工程质量内涵研究

1. 公路工程质量的形成过程

我国国家标准 GB/T 6583—92 和国际标准 ISO 8462—86,对质量的定义是:"反映产品或服务满足明确或隐含需要能力的特征和特性的总和。"定义中"产品或服务"是质量的主体,简单地说,所谓质量,一是必须符合规定要求,二是要满足用户期望。

任何产品质量都有一个产生、形成、实现、使用和衰亡的过程。对于质量形成过程,质量专家朱兰称之为"质量螺旋"(图2-1),意思是指产品质量从市场调查研究开始、到形成、实现后交付使用、在使用中又产生新的想法、构成动力再开始新的质量过程,产品质量水平呈螺旋式上升。

质量形成过程的另一种表达方式是"质量环"。国际标准《质量管理和质量体系要素

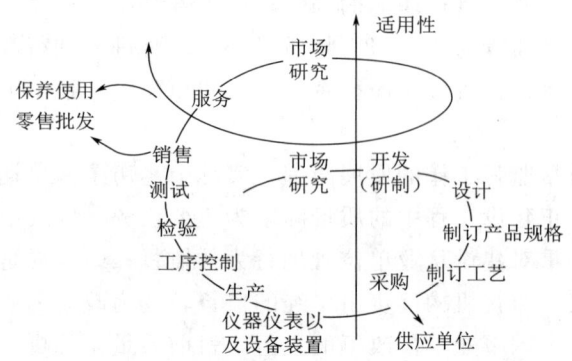

图 2-1 朱兰的"质量螺旋"曲线

第一部分 指南》(609004.1—1994) 中就采取了这种表述。质量环包括 12 个环节(图 2-2)。这种质量循环不是简单的重复循环,它与质量螺旋具有相同的意义。

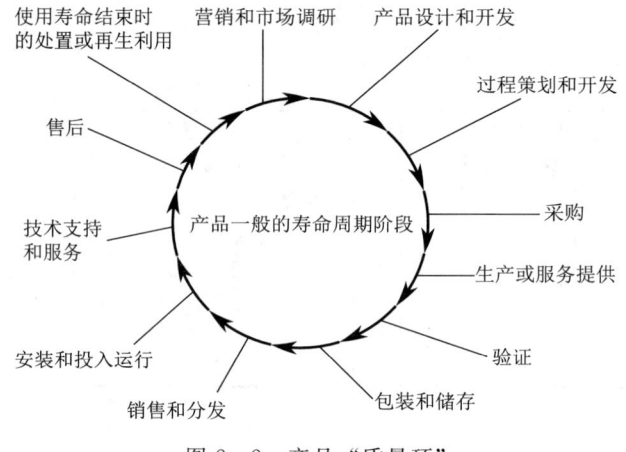

图 2-2 产品"质量环"

在质量的概念上,衍生出公路工程质量这个名词,公路工程质量是一条既符合公路工程建设规定要求,又能满足社会公众使用期望,是反映工程产品满足明确或隐含需要能力和特性的总和。

单个公路工程质量,有一个产生、形成、实现、使用和衰亡的过程。而公路工程质量形成过程就是一条公路从计划建设到竣工交付使用,要经过许多阶段和环节,主要包括项目的可行性研究阶段、项目决策阶段、项目设计阶段、项目施工阶段和项目竣工验收阶段等 5 个阶段,这一系列呈现递阶状变化,有着细致的分工和广泛的外部协作关系,最终形成公路工程的综合质量。

参照上述朱兰的"质量螺旋"曲线,公路工程质量也是水平呈螺旋式上升形成,如图 2-3 所示。

按照上述内容,公路工程产品质量的形成过程如图 2-4 所示。

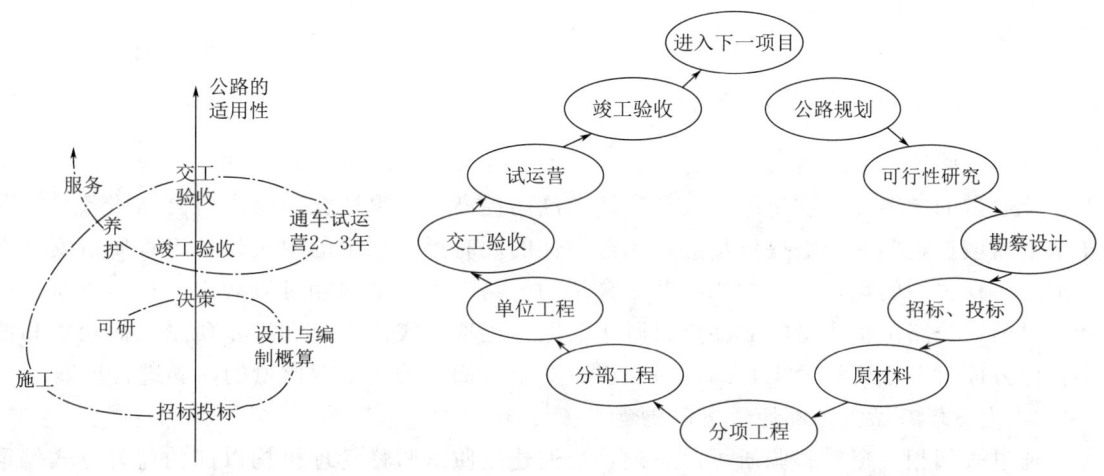

图 2-3 公路工程"质量螺旋"曲线　　图 2-4 公路工程产品质量形成过程

2. 公路工程质量内涵

由上述内容可知，工程质量是由一个过程形成的。按照国家的现行规程可以将公路工程质量的形成划分为前期阶段、实施阶段、验收及后评估阶段 3 个阶段，主要涉及的参建方有业主、设计、监理、施工。一个工程项目是按时间顺序来实现的，且工程质量遵循时间序列的要求。施工中形成工程实体的阶段，也是形成最终产品质量的阶段，因此，工程质量就是反映工程产品满足明确或隐含需要能力和特性的总和。工程特征和特性的主要表现是"性能""寿命""可靠性""安全性"和"经济性"，所需要的工程质量通常由各种技术规范、规程来明确，最终产品质量应满足施工验收规范或质量检验评定标准中的规定要求[9]。

因此，公路工程质量是指公路工程满足社会公众需要的，符合国家法律、法规、技术规范、标准、设计文件及合同规定的特性综合。其内涵可以总结为以下 3 个方面。

（1）公路工程项目实体质量。公路工程项目由分项工程、分部工程和单项工程组成，而公路工程项目的建设，则是通过一道道工序来完成的，公路工程项目的质量是在工序中创造的。所以，公路工程项目实体质量包含工序质量、分项工程质量、分部工程质量和单项工程质量；而单项工程的质量又包含建筑工程安装工程和生产设备（装置）本身的质量。

（2）功能和使用价值。从功能和使用价值来看，公路工程项目质量又体现在适用性、可靠性、经济性、外观质量与环境协调等方面。故公路工程项目的功能与使用价值的质量是相对于社会公众需要而言的，并无一个固定和统一的标准。

（3）工作质量。工作质量是指参与工程建设者为了保证工程项目的质量所从事工作的水平和完善程度。工作质量包括：社会工作质量，如社会调查、市场预测、质量回访和保修服务等；生产过程工作质量，如政治工作质量、管理工作质量、技术工作质量和后勤工作质量等。工程项目质量的好坏是决策、计划、勘察、设计、施工等单位各方面、各环节工作质量的综合反映，而不是单纯靠质量检验检查出来的。要保证工程项目的质量就要求有关部门和人员精心工作,对决定和影响工程质量的所有因素严加控制,即通过提高工作质量来保证和提高工程项目的质量。

2.4.2 公路工程质量内涵的拓展

高速公路这个系统帮助建立起来的社会财富导致需求的进一步增加,造成新的供需关系,交通量的增多、载重量的加大和车辆速度的提高,使得社会用路人对公路服务功能期望值不断增加,要求公路提供足够行车舒适性的同时提供稳定的耐久性,工程质量安全更加成为公众关注的焦点。从 2.4.1 节中介绍的公路工程质量内涵可以看出,作为质量管理者,目前对公路工程质量的关注点只限于公路工程项目实体质量和工作质量,而功能和使用价值方面就考虑得比较少,因此应在以下 3 个方面对公路工程质量的内涵进行拓展。

1. 从公路工程实体质量到全面质量的拓展

通过查阅相关资料和调研可以发现,交通建设质量监督管理机构以前的监督方式偏重实体质量的检查,对监督的理解比较多地局限在工序质量的检查上。从图 2-3 和图 2-4 可以看出,在以往的公路工程质量监督工作中,所参与的环节占整个公路工程产品质量环节的比例较小。例如,合同文件是约束项目参建单位质量安全管理行为的最有效手段,质监机构应该在工程合同文件编制之初便介入审查,将部分质量安全管理办法或必须达到的目标、必须采取的手段列入合同文件,投标单位在投标时相应考虑成本等因素,在日后的质量监督工作中便能做到有据可依,可以以违约的形式对做不到的单位进行约束,提高监督工作的实效。

从长远发展角度来看,交通建设工程质量监督管理机构职能应淡出具体工程实体质量的监督管理,实现从微观管理向宏观管理的转变,更多地代表政府行使对交通建设工程各参与方资质、行为的监督与管理,保证建设工程质量,促进建设工程市场的健康发展。换句话说,交通建设工程质量监督机构应当充当"裁判员"的角色[20]。

2. 从技术指标质量到社会公众需求质量的拓展

新的质量观就是要从实体技术指标质量到社会公众满意的程度,必须使工程质量管理者和社会公众的质量定义统一起来,融合到群众中去,这样才会得到认可。这就是为什么许多事故出现后,管理者说质量没有问题而受到社会公众质疑的原因。比如:哈尔滨阳明滩大桥,专家组经过查勘现场、测试强度等,同时委托质量检测机构对上行匝道工程桥梁多项指标进行了检测,检测结果认定各项指标均符合设计要求,而真正的原因是因为超载超重引起的事故。那为什么还会受到公众普遍质疑,认为是桥梁施工质量不过关呢?就是因为对质量的内涵认识不一致造成,专家关注的是工程质量技术指标的符合性,而公众关注的质量是工程的适用性。一座桥梁的安全性靠什么来保证?看得见的是这些钢筋、混凝土的材料,而看不见的是背后的设计、施工和管理,在探寻一座桥梁倾覆的原因时,需要关注的绝不仅仅是看得见的部分,还有那些看不见的部分也可能存在风险隐患,同时还需要给社会公众一个满意的答复。

3. 从服务对象单一化到多样化的拓展

随着社会经济的发展,质量管理者也必须拓展对质量内涵的认识,要深刻理解到交通基础设施不仅是单纯的为车辆服务,而是必须重视生态质量、环境质量、社会质量和社效益。公路工程质量作为社会经济的组成部分，要对全社会有所贡献，不仅要为社会创造财富，而且应确保不对人身安全带来风险，不对环境造成危害，不给社会造成资源浪费。比如说，随着经济快速发展，私家车、客货车的数量急剧递增，造成原有路段上的车流量增加，远远超过设计时的车流量和荷载，这就引发一系列的恶性循环，堵车、维修困难大等问题的出现，从根本上说这就是一种资源浪费的表现。2005年曾有一名律师起诉华北高速公路股份有限公司，本应该40多分钟左右就应该到天津，却用了近两个小时才走完京津塘高速全程70公里的路程，而且被按照正常标准收取了通行费；又如有些高速公路政府或者企业花费大量的资金去修路，最终修成后正常的通行率少之又少，连正常的养护费用都收不到等，这些案例都说明了，交通基础设施服务对象也应与时俱进，要注重社会质量和社会效益。因此，公路工程质量的服务对象应向多元化方向拓展。

2.5 公路工程质量监督工作模式及督查方式研究

2.5.1 质量监督工作模式研究

公路工程质量监督模式是指政府对工程质量进行监管的形式，如在交通建设工程中，政府是采用委托专业质监机构进行质量监督，开工前监督申请、过程中监督抽检、交工前质量检测、竣工前质量鉴定。也就是由经过省级以上建设行政主管部门考核认定，具有独立法人资格的建设工程质量监督机构，根据公路工程主管部门的委托，依据建设工程质量管理法律、法规（强制要求）、质量标准和施工图设计文件与合同文件（特殊要求），对建设项目的参建各方及参建人员的质量行为和工作质量以及对工程实体质量实施的监察和督促。主要内容包括政府约束机制、职能定位以及在质量管理体系中的作用3个方面。

1. 政府约束机制

公路工程的质量关系到社会公众的利益和公共安全。因此，无论是在发达国家还是在发展中国家，政府均对公路质量进行监督管理。国外的监督管理模式主要有以下几种：一是政府主管部门直接参与工程质量的监督（直接参与型），如美国；二是对工程质量实行间接监督（不直接参与型），如德国；三是运用法律、市场、经济手段有效实行工程质量监督（委托型），如法国；四是政府直接、间接监督并存可从中选择的模式，如英国。通过研究国外的监督管理模式发现，我国的监督模式与德国模式较相近，这种监督模式有助于政府摆脱具体的事务性监督，发挥宏观导向作用，同时在目前法制环境欠健全的情况下通过质监机构的具体监管可以对工程质量达到较为全面的控制[10]。

公路工程质量的政府约束机制主要是从政府监管体制上对质量行为方的行为进行规定与约束，政府监督机构是法规的具体执行者。政府监督机构如果对公路建设中所出现的不规范的质量行为不进行查处并及时的纠正的话，公平原则就会被破坏，各方的质量行为将向着消极趋势发展，从而影响工程质量。如果政府监督力度不够，参建方就会倾向于选择消极质量行为，以达到各方的目标。

2. 职能定位

公路工程质量监督管理职能定位，就是确定它在我国未来工程质量监督管理体系中应有的功能和作用，建立起真正有效运行的政府约束机制。要使我国的工程质量政府监督更加适应新时期社会对工程质量监督的要求，更加满足社会利益和公共安全的要求，就要求工程质量监督机构摒弃传统的监督模式和方法，对自身进行更加准确的重新定位。

在职能定位中，存在4个问题：一是职能定位依靠什么发挥其功能和作用？这些功能和作用是建立在什么基础上？二是职能定位能发挥什么样的功能和作用？三是职能定位如何发挥这些功能和作用？四是怎样才能发挥好职能定位的功能和作用？这4个问题的存在恰恰说明了职能定位的功能和作用的发挥是取决于这种机构的性质。

因此明确工程质量监督管理机构的职能定位，首先要明确它的性质定位，确定它应该是个什么样的机构，其次要理解质量监督的内涵，思考监督是一种检查还是一种执法。检查是为执法提供线索，如果把手段和目的混淆在一起，那么职能定位就会陷入一种误区，甚至自己都找不到答案。最终把工程质量监督管理机构的性质定位、自身职能定位、相互关系定位和组织建设等四方面不能有机地结合在一起。

对于公路工程质量监督管理是政府对工程质量实施计划、组织、指挥、调节和监督等一系列管理活动中的一项重要职能，是保证建设市场健康有序发展的重要环节，其目的是保障国家有关建设法律、法规和强制性技术标准在交通建设工程中有效地贯彻执行，维护国家和公众利益，促进建设市场良性健康发展，确保建设工程的结构安全和环境质量。它在工程质量监督管理体系中的相对地位除了工程质量监督管理体系的建设完善外，更重要的是工程质量管理机构自身的内部条件，这就要求明确工程质量监督管理机构的组织机构和人员素质。

3. 在质量管理体系中的作用

随着我国公路建设的飞速发展，国家对交通运输等基础设施建设的投资力度也越来越大。如何保证高等级公路建设的质量，确保高速公路工程建设快速有效地进行，已成为当前需要迫切解决的问题。通过多年工程建设，目前，公路工程各项质量管理制度及质量管理体系已初步建立。

目前质量管理体系由"政府监督、社会监理、企业保证"的三级质量保证体系向更加科学、系统、深入的"政府监督、业主管理、监理控制、企业保证"的层次上发展。主要分为质量保证体系和质量监督体系两个层次：质量保证体系主要涉及项目业主、设计、施工、监理等从业单位的质量行为，是整个管理体系的基础；公路工程质量监督体系主要涉及交通主管部门和质量监督机构的监管行为，内容包括交通主管部门的行业管理和质量监督机构的质量体系建设[12,13]。

质量监督是市场经济条件下政府交通主管部门对工程质量进行行政监控和技术指导的主要手段和方式，是交通行政执法的重要组成部分，是建设市场管理的基本力量，是基本建设程序不可缺少的环节，而不是质量保证体系的环节。公路质量监督机构是执法主体，不是建设行为主体，其主要职责是以监督建设质量行为为主，辅以实体质量抽检，做好交竣工验收的质量鉴定评定工作等。监督机构和人员对工程质量负有监督工作责任，而不是实体工程质量责任。质量保证体系是整个质量管理体系的基础，质量监督体系是指导和维护质量保证体系正常运行的措施和手段。所以，质量监督是质量管理体系中十分重要的内容。

2.5.2 质量监督督查方式的合理选择与综合应用研究

公路工程建设质量行为监督是指质量监督机构对参与工程建设各责任主体履行其相应的质量责任和义务进行监督检查的活动。公路工程质量政府监督应体现宏观性，质量行为的监督相对于政府部门实行的完善法规、市场等其他措施而言可视为微观行为，而相对于工程实体的监督则又体现的是宏观行为。长期以来，政府及质监机构重于对工程实体实施监督，而轻于对质量行为的监督，经过质监工作 20 多年的发展，近年来政府及质监机构已逐渐重视对质量行为的监督，交通部质监局在 2007 年全国交通质监站站长座谈会上要求："必须调整工作思路和监督模式，以项目法人为主要对象，以法律法规、强制性标准的执行情况为主要内容，努力实现监督重点由工程实体向项目管理责任主体质量安全管理行为的转变。"这就要求对参建单位的建设质量行为进行准确的评价，从而采取相应的监督方式，以实现提高工程质量的目的。

1. 质量监督督查方式的合理选择分析

通过对公路工程质量监督机构调研，总结归纳确定了以下几种质量与安全监督方式，即督查（综合检查）、巡查、专项检查、驻地。

（1）督查（综合检查）。重点检查建设单位、施工单位、监理单位质量安全管理制度建立和岗位责任落实情况；建设单位检查制度建立及执行情况，重大危险源监控情况；施工组织设计和专项施工方案执行情况，标准试验和自检工作情况；监理平行试验和抽查情况，交工验收监理程序执行情况；抽查工程实体质量（图 2-5）、主要原材料和质量安全隐患整治情况，以及设计单位后续服务质量情况，以及施工质量安全管理行为。督查（综合检查）是综合评价项目质量的监督手段，全面掌握项目的施工质量，是目前采用的较全面和广泛的手段，也是对项目综合评价的一项重要工作，今后应继续坚持采用和完善该监督方法。

图 2-5 抽查工程实体质量

（2）巡查。以抽查工程实体质量、排查施工安全隐患和追踪监督指令落实情况为主（图2-5）。主要抽查工程关键部位、关键工序的现场施工实施情况；重大危险源安全保障措施落实及文明施工情况；监理指令执行情况。巡查是对不同项目的施工质量进行检查，然后评比，同时也能促进不同项目间的施工质量竞争。在巡查的过程中能够发现被检查对象之间的共性和存在的主要问题。

（3）专项检查（包括开工履约检查和交竣工验收检查）。突出对分部工程中影响结构安全和使用功能的工程环节以及专项施工方案实施情况的检查；根据需要有针对性地检查如路基、路面（图2-6）、桥梁、隧道、房建、机电等工程实体的质量。专项检查是对项目的控制性指标进行检测。专项检查目前是省一级的监督检查重点，是对实体质量抽查。

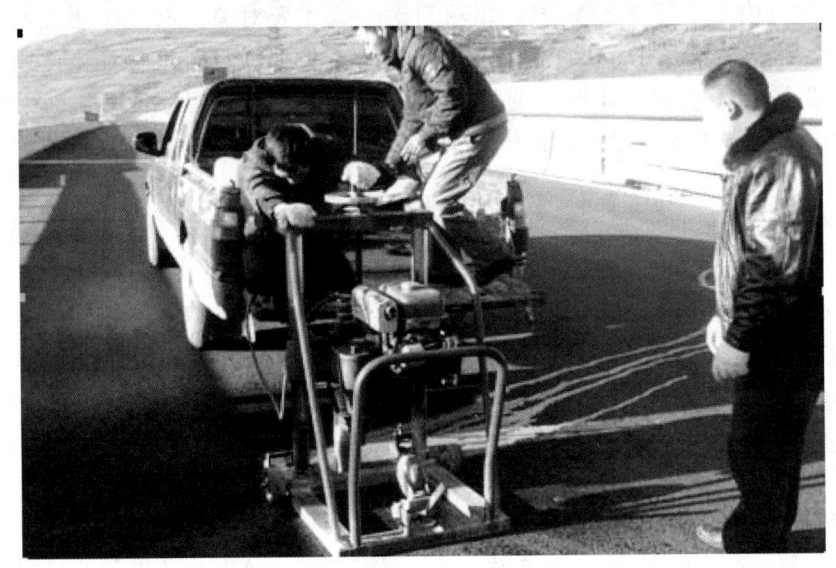

图2-6 路面工程专项检查

可知，巡查和专项检查归根结底都是抽查的一种方式，也是今后质量监督继续采用的方法与手段。

（4）驻地。监督机构指定监督工程师驻守项目现场，参与施工图审查、图纸会审、施工组织设计的编制与审查、施工技术方案的编制与审查、参建人员的资格资质审查、关键工序部位旁站监理的监督等，关注公路实体质量，监督工程师的工作对监督机构负责，监督机构对必要的验收程序进行全面监督。现阶段已基本不采用这种方式，主要原因有：①驻地监督主要适用于建设规模较小、监督人手充足的建设时期，或者适用于省级以下的监督机构；②随着多年来的监理市场培育，项目监理制度已经得到严格贯彻执行，驻地监督部分职权与项目监理存在冲突，某些监督项目没必要重复执行，带来资金和人力资源的浪费；③政府监督的实质为抽查，对项目进行全方位的监督并无必要，同时随着监督检测手段的升级，项目实体存在的问题基本可以通过后期检查发现，对工程全部工序一一开展旁站检查已无太大意义。根据发出的调查问卷，目前仅有3个省份仍在实行此模式，这与上述分析相吻合。

2. 质量监督督查方式的综合应用

前面论述了公路工程质量监督机构的发展历程，可以看出随着质量监督机构职能的不断发展变化，在质量监督模式方面也发生了变化，监督手段也在不断增加，经过上述监督检查方式的适用性分析研究，仅仅依靠一种监督检查方式不能全面、及时、有效地保证公路工程建设行为符合国家法律法规和有关政策，应通过多方面、多层次、多手段的质量监督方式，确保建设行为规范、工程质量可控。即采用督查（或综合检查）、抽查（巡查及专项检查）等几种监督检查方式的综合应用，才能适应当前建设规模、建设工程特点对质量监督工作的要求。

在监督工作模式中，一方面是强化监督体系对工程质量安全管理的直接作用，监督检查方式由过去的单一监督抽查转变为督查（综合检查）、抽查（专项检查、巡查）的方式进行；另一方面是发挥监督体系对参建单位质量保证体系的监督作用[14]，通过监督工作，督促质量保证体系的有效运转，促进业主发挥质量管理的"主导作用"，促进参建各方切实履行质量和安全生产主体职责。采用督查（综合检查）、抽查（专项检查及巡查）的方式，可以有效监控和科学评价质量保证体系的运行状况。

2.5.3 质量监督工作的创新性及可行性研究

为了让公路工程质量监督工作的开展更符合新时代的发展要求，调研组向全国公路工程质监机构进行调查问卷，有16个省份对质量监督工作模式的调研提出相关建议及意见，其中认为在公路项目投资和建设管理多元化的背景下，现有质量监督工作模式与交通基础设施建设现状相适应的仅有上海和辽宁两个省份，其余8个省份认为基本能适应，6个省份认为不能完全适应。从调研报告中集中反映出全国各省监督工作模式面临的主要问题是：①公路项目投资和建设管理的多元化，增加了监督工作的强度和难度；②工作经费不能完全满足监督工作需要；③在建项目多，任务重，人员不足，大部分省份无所属的检测鉴定机构，缺乏独立的检测手段，对存在的问题不能有效整改，无具体的强制性处罚手段；④目前投资模式多元化，民营企业之类的投资主体追求经济效益最大化，不可控因素增加，加之工程施工实行总承包后，建设业主弱化工程施工现场管理，总承包单位存在管理人员不足，管理力度不够，现场施工单位技术力量不能满足施工需要。从图2-3和图2-4可以看出，在以往的公路工程质量监督工作中，工作重点在施工过程、交工验收、通车试运营以及竣工验收这4个方面，根据研究公路工程质量内涵拓展后，又必须从公路工程实体质量到全面质量的拓展、从技术指标质量到社会公众需求质量的拓展和从服务对象单一化到多样化的拓展，因此，有必要在原有的质量监督工作模式的基础上进一步创新。

1. 质量监督工作手段转变为现场监督与远程监控相结合的方式

因建设项目的大规模化、技术手段的更新或地处偏远等原因，使得目前的质量监督工作手段在现场监督方面变得很局限，因此，质量监督工作手段应该由单一的现场监督转化为现场监督与远程监控相结合的方式。现场质量监督督查方式已经介绍过，不再赘述，这里主要对远程监控的概念、内容、原理以及可行性进行阐述。

远程监控是以项目工程质量检测管理信息监控系统为核心，利用计算机技术、网络通信技术等信息化手段，实现施工工地试验室、监理试验室、第三方试验检测关键质量指标试验数据的自动采集和实时传输，实现交竣工验收检测过程和原始数据跟踪，遏制试验检测虚假数据，确保工程质量数据的真实、准确和公正。

远程监控主要包含两个方面的内容：一是对施工现场的视频监控；二是对质量检测信息监控。针对交通建设项目深入山岭和水域、特大桥隧的形势，以工程施工过程特大桥和特长隧道作为重点监控的对象，以互联网技术与传统监督方式方法相结合，依靠光纤信道网络数字视频信号传输、3G 通信信道的数字视频信号传输、短距离无线视频信号传输、公路工程远程监控数据采集及处理等技术，实现数据分布存储集中管理[16]。

对公路试验检测工作关键环节的技术监管也是远程监控的一项重要内容。实现工程质量安全监管的实时化、智能化、过程化，是工程质量安全监督工作的一个重要补充，有利于提高质量安全监管效能（图 2-7）。

综上所述，采用高科技手段对公路工程质量进行监督势在必行。

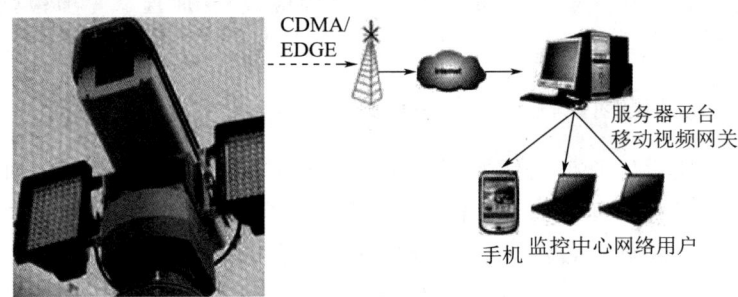

图 2-7　远程监控系统原理

2. 质量监督模式由技术性执法转变为行政执法监督

（1）现阶段质量监督技术性执法存在的问题。

1）行政责任不清，执法程序欠妥。我国大部分地区都实行工程质量监督委托，即由建设行政管理部门将部分工程质量监管权限委托给专门的监督机构，监督机构有执法权，却没有执法地位，更没有处罚权。

2）信息传递延迟，执法效率低下。工程质量监督没有独立执法权，只能建议行政机关行政处罚，工程质量监督执法手段过于单一，执法效率低下。由于质量监督机构不是行政部门，没有行政处罚权，最大的行政执法行为就是责令局部暂停施工，再者上报行政机关。这样的执法手段缺乏必要的震慑力，无法纠正当前建设市场突出的工程质量行为。例如，在日常监督抽查中发现某监理公司总监不到岗，监督机构是无权处罚该监理公司的，只能责令其整改，再抄报建设行政机关，由行政机关查处；行政机关再按照执法程序进行调查，做出行政处罚决定。这样的执法效率难以即时有效解决当前市场存在的问题。

（2）质量监督机构行政执法的必要性和可行性。

1）质量监督机构行政执法的必要性。质量监督机构直接从事质量监督，能够通过增强执行力，减少财政负担。行政机关直接从事工程质量监督，既可以减少信息传递，又可以在现场直接行使行政处罚的权利，还可以了解更多的质量信息，以利于开展资质、资格管理，从而增强行政执法的执行力，提高效率。效率的提高能够使维持建设市场秩序的执法人员更少，从而减少财政负担。

2）质量监督机构行政执法的可行性。

a. 解决人力资源不足的问题。如果工程质量监督执法由行政机关自身开展，首先要解决行政机关人力、物力不足，特别是技术人才不足的问题，为此可以收编原有监督机构的部分优质人力、物力资源，利用其良好的技术支持，开展行政执法工作。这样不但不会增加财政负担，还会因为精简了人员而减少财政开支，而且利用行政机关内的监察支队等执法部门，可以更方便地开展行政执法工作，提高执法效率。

b. 适当调整工程质量监督的执法内容。质量监督机构开展的质量监督，应以行为监督为主线，突出行政处罚的严肃性，增强执法威力，促进实体质量的提高。质量监督机构主要以行为监管为主，加大执法力度，提高效率。质量监督机构可直接进行必要的行政处罚，甚至吊销参建主体的资质资格，对挂靠、转包等违法企业给予严惩。只有强化了对行为质量的监督，落实了质量责任，查处了不履行责任的参建单位，才能减轻行政监管的压力，从根本上规范建设市场。

c. 利用专业化的执法队伍，解决执法难问题。质量监督机构直接参与工程质量监管，便于协调和利用各种力量参与当前的建设市场监管。工程质量监管机制面临着极大的挑战，依靠没有执法地位的工程质量监督机构难以迅速扭转局面，必须和司法、媒体、物价、招标等多部门联合共同参与，敢于动真碰硬，才能做到"执法必严，违法必究"。

因此，将质量监督模式由技术性执法转变为行政执法监督，是适合社会发展趋势的，也是迫在眉睫的，同时也具有很大的挑战性。

3. 逐步建立质量监督工作标准化

（1）监督工作标准化的现状。为了解目前公路工程质量监督标准化的工作开展情况，调研组向全国公路工程质监机构进行调查问卷，准备开展监督工作标准化的省份有4个，已开展了监督标准化工作，提出了标准化方法的省份有9个，还未开展质量监督工作标准化工作的省份有3个。由此可见，监督工作标准化的研究工作已经被各省局（站）提上了议事日程，开始被逐步重视。例如，安徽、甘肃、天津等省市已经着手编著大量的监督工作标准化文件，湖南等省份认为应由部质监局来统一制定监督标准化相关章程，四川省质监局有过比较深入的研究。另外，部分省市认为当监督工作完成既定程序，达到要求的力度后，出现问题质监机构应该免责，这个问题便对监督工作的标准化提出了极高的要求。

（2）监督工作标准化的可行性研究。标准化的定义是为在一定的范围内获得最佳秩序，对实际的或潜在的问题制定共同的和重复使用规则的活动，称为标准化。它包括制定、发布及实施标准的过程。标准化的重要意义是改进产品、过程和服务的适用性，防止贸易壁垒，促进技术合作。

将标准化概念引入具体的质量监督工作中，就是指质量监督应该按照一整套成型且合理的标准与流程，明确的程序性文件和操作方式和内容开展工程质量监督工作，使监督工作达到预期效果，提高工作质量和效率，做到依法行政、文明办公。

为规范公路水运工程建设项目质量监督检查行为，提高监督检查工作的科学性和有效性，强化标准化监督程序，必须包含三部分内容：首先明确监督工作的责任；其次制定出质量监督检查的具体办法这一类监督检查的程序性文件，并予以公布；最后应严格执行标准化监督程序，实现对监督检查效果进行内部审核和持续改进的工作程序。建立质量监督工作标准化的优越性表现在两个方面：一方面有利于做到监督及时、监督到位，标准化管理使监督工作更具针对性，克服监督中存在的一些盲目、低效，有利于更好地发挥监督在公路工程风险防范体系中的"预警"作用；另一方面，有利于适应质量监督体系变化，目前，随着高速公路系统帮助建立起来的社会财富导致需求的进一步增加，社会用路人对公路服务功能期望值的不断增加，同时也需要对监督工作进一步延伸，建立以质量管理体系为基础的操作控制和风险监督系统。因此，质量监督标准化管理已成为公路工程质量监督发展的必然趋势。针对监督工作存在的问题，建立自上而下的监督标准化的内部管理制度和操作流程，及时出台与监督系统相配套的监督操作规程和实施细则；完善现有监督系统的不足；改变当前各自为政、监督工作缺乏规范性的局面；减少各行自定规章、自行开发监督程序带来的重复劳动和资源浪费，提高事后监督的有序性、规范性和完整性，提高工程监督水平。

4. 设计监督可行性分析

（1）设计监督的现状。工程设计是项目建设的前提，是工程管理的龙头，是工程质量的基础。没有好的工程勘察设计，就不可能有高品质的建设成果。勘察设计工作做好了，就能为整个高速公路项目的建设和管理奠定良好的基础。

目前，我国公路项目勘察设计主要采取设计监理和聘请咨询单位和专家等模式来进行监督，但各自都存在一定程度的弊端。设计监理方式尚在探索之中，对设计监理的工作内容、要求深度、提供成果都难以界定和考核，设计监理意见如何确定合理与否及怎样贯彻落实，可供借鉴的经验非常少。另外，由于现阶段设计监理市场不发育，设计监理主要由国内一些勘察设计研究院承担，但目前公路建设规模非常大，公路勘察设计单位任务较多，投入主要的技术骨干人员相当有限，总的实施效果并不理想。聘请咨询单位和专家模式在提高设计质量、降低工程造价上很有成效，但这是专家阶段性咨询，在全过程跟踪监督管理方面尚有待改进。

（2）质量监督机构介入设计监督的可行性研究。在2.4节"公路工程质量内涵拓展的研究"中，交通建设工程质量监督管理机构的工作重心应逐渐从公路工程实体质量到全面质量的拓展，设计是建设的第一道关卡，自然应纳入监督的范畴。目前质监机构对设计的监督主要体现在设计后期服务方面，如在工程建设过程中后期服务是否到位、是否派驻现场设计代表、设计变更是否合理、手续是否规范完善等。对于设计图纸、设计方案、设计思路等前期工作的监督还不是特别到位，没有过多的介入，参与形式大多是参加设计评审会，借机提出相关要求。

对于前期设计监督，其必要性主要是从理论上来说，设计监督有利于在设计阶段便将工程质量相关文件精神贯彻落实，对于指导施工单位合理组织投标报价存在有利意义，且对施工起到指导作用，因为设计图纸是施工单位必须遵守的硬性条文，便于从施工一开始即严格执行相关法律法规或活动精神，避免后期整改，提升工程质量和活动效果。例如，目前国内开展的标准化工地、混凝土质量通病治理等活动均可能产生一定费用，如果能在设计阶段便将相关活动精神贯彻到设计文件中，施工单位在投标报价时便可考虑相关活动费用，这对活动的真正落实能起到极大的帮助作用，且对施工单位能形成震慑效力。

但目前质监机构全面介入前期设计监督面临的主要问题如下。

1) 时间和人员配备的矛盾。设计是一项长期的工作，设计成果也是在评审和修改中不断完善。前期设计监督不容易寻找到合适的切入点，很可能提供给质监机构的图纸在短期内便已经修改得面目全非，监督意见提出后无法和最新的设计成果相契合，而且质监机构往往人手有限，无法和设计单位随时保持沟通，也很难做到在设计的全过程参与，只能通过设计评审会等方式提出意见，与专家评审方式形式重合，也达不到全过程监督的力度。

2) 专业技术能力的限制。质监机构的专业技术人员多是在现场工作中成长起来的，往往精于现场施工工序工艺控制，对设计文件到现场如何落实比较擅长，但是对于设计文件思路的管控、图纸内容的审查不是其专长，在设计前期监督中存在一定的不足。

综上所述，设计质量是建设工程质量的重要组成部分，应将其纳入质量监督工作范畴，开展设计质量监督是十分必要的。在今后的发展过程中要真正全面开展设计监督，质监机构必须从介入模式、运行机制、消息传递渠道、人员配备、专业知识储备等多方面入手，解决好时间、精力、学识等多方面的问题，才能真正有效地进行监督，避免工作流于形式，收获监督实效。

5. 养护工程监督可行性分析

(1) 养护工程的现状。目前我国高速公路养护管理机构及组织方式较为健全，多个职能部门均对养护有管辖监督的权利，如路政、交警等，但是目前养护市场比较封闭，体制稍显落后，还采取事业性管理体制，部分养护管理单位既是决策、安排部门，又是监督、实施部门，这种缺少有效监督机制的模式必然会造成效率的低下和资源的浪费[19]（图2-8）。

图 2-8　公路养护存在的问题

（2）质监机构介入养护工程监督的可行性研究。在本书2.4节中就提到，交通基础设施服务的对象不仅是单一意义上的车辆，而且是必须重视生态质量、环境质量、社会质量和社会效益。但目前质监机构监督工作的重心仍然放在工程建设过程中，待工程交工验收结束后，便移交给相应的高管局、路政大队等运营管理机构进行管理，不再过多的插足，但在目前高速公路普遍压缩工期，前提通车日期的大环境下，由于工期压缩等因素带来的沉降期不足等问题必将在通车后带来一定质量隐患，近期层出不穷的高速公路短时间内出现较大规模质量问题的报道就证明了这一点，这直接导致了后期养护工作会比以往更频繁、投资规模更大，同时产生一些负面的社会效应，因此为质监机构的介入创造了必然性。

较大规模的路政养护，其施工难度、施工周期、所需配备的人力、机械资源，并不亚于新建一个标段，质监机构理应介入监督，但目前养护已经有路政、交警等部门参与，如何避免重复浪费、各部门之间如何协调分工，将是质监机构参与养护监督亟待解决的问题，且交警与交通分属不同的行业，协调难度较大，必须由两个行业共同的管理机构方可对双方实施协调。其余如人力配备、监督模式如何运作等方面，均可参照现行对在建项目的监督方式实施，最重要的是要找出介入监督的切入点。例如，可以按照养护金额来限定，如100万元以上投资的养护，当业主觉得该养护工程技术难度较大，质量不易控制，需要质监部门参与把关时，便可向质监机构提起申请，审核通过后便介入监督。

综上所述，对于大型的养护工程应开展监督工作。要做好养护工程的质量监督，应根据养护工程的特点，制订相应的质量评价指标和方法，加强对关键项目的质量控制，同时与路政、交警等部门全面协调配合，使养护工程的监督工作得到保证（图2-9）。

图2-9 养护工程的监督工作

2.6 公路工程质量监督展望

2.6.1 监督任务

通过20多年质量监督的实践，各级质量监督机构不断创新监督模式、明确监督工作职责、规范监督工作方法、延伸监督工作手段，采取了设立驻地监督办、专项（原材料、施工工艺等）监督检查、巡视监督检查、大检查、阶段检查、飞行监督检查等多种方式并重的检查方式，覆盖工程全过程、关键环节和重点部位，质量体系日趋完善，质量监督工作取得了长足进步。质量监督是为保证公共利益和公众安全，对工程是否执行国家有关法律法规和工程建设强制性标准进行的监督，担当了政府监管工程质量的重要手段。通过质量监督体制的具体实施，在提升质量意识、完善建设管理体制、强化对建设市场的监督管理力度、提高质量建设水平、提高交通建设质量、规范建设行为的法制进程等方面都发挥了重要作用。

当前，在公路项目投资和建设管理多元化的背景下，制约工程质量安全的深层次矛盾和问题不断累积，一些质量安全管理问题在一定程度上仍然存在，随着经济社会发展对高速公路工程质量提出更高要求，工程质量安全监督任务十分艰巨，面临多重问题和挑战。质量安全监督工作面临新的形势与任务。

（1）BOT+EPC模式建设中，一些民营企业之类的投资主体追求经济效益最大化，质量管理力量薄弱，质量目标不高，对于监督检查发现的问题处理不到位，质量水平总体偏低，质量监督难度较大。特别是工程施工实行总承包后，建设业主弱化工程施工现场管理，实际上总承包单位往往存在管理人员不足、管理力度不够、现场施工单位技术力量不能满足施工需要、不可控因素增加，给质量安全监督工作带来新的问题和挑战。

（2）工程建设技术难度增大。工程重点区域逐步转入工程条件更为复杂的山岭和水域，地质状况复杂、施工环境恶劣、建设条件艰苦、施工难度增大等问题凸显，质量安全风险更为突出。

（3）建设资源供需存在矛盾。部分省市投资规模在不断增加，但管理和技术力量不足，无法正常履行项目管理与质量监督职责。交通建设资源需求庞大与供给相对不足的矛盾没有得到根本缓解，工程建设所需的专业管理和技术人才、熟练操作工人缺乏，大宗材料、地产材料持续紧缺、品质波动，保障工程质量安全的人、财、物等建设资源短缺，从业单位履约能力参差不齐，市场不规范、制度不落实、履约不到位的问题依然存在。

面对我国日益多元化的交通建设市场条件，工程质量监管也面临巨大的挑战，同样对工程质量监管机制也提出了改革的要求，在全国范围停征工程质量监督费后，工程质量监管机制改革已经迫在眉睫，改革必然以提高监管效能为目的，理顺责任关系，着重提高"执行力"，规范市场秩序，以便更好地发挥监管作用。

2.6.2 质量监督机构的发展

目前，事业单位的改革正在全国范围展开。全国大多数省份的质量监督机构已划归到参照公务员管理的行政类事业单位，而参照的是综合类公务员。参照改革后，质量监督机构原来的专业技术人员全部转化为行政类的人员，不再评定专业技术职称，专业技术职称不复存在，故专业技术人员也就不复存在。目前，参照公务员管理的质量监督机构的现状与交通运输部发布的《公路工程质量监督规定》（交通部令2005年第4号）中的第九条"质监机构应具备以下基本条件"的若干规定中关于技术人员要求相悖。

面对全国大部分省市的质量监督机构已划归到参照公务员管理的行政类事业单位，而国家公务员的分类改革遥遥无期的现状，质量监督机构是继续按照交通运输部的《公路工程质量监督规定》（交通部令2005年第4号）维持原来的监督方式、监督深度及监督模式，还是转向与参照公务员管理的行政类事业单位相适应的行政执法，这是交通运输部决策者在今后监督机构改革中需要解决的迫切问题。

通过本书公路工程质量内涵拓展的研究及监督工作质量模式研究，在质量监督机构参照公务员管理的行政类事业单位的基础上，有必要推进行政执法，只有在行政执法中才能以行为监督为主线,突出行政处罚的严肃性,增强执法威力,促进实体质量的提高,同时满足社会公众的需求。

2.6.3 质量监督的职责和范围

1. 质量监督的职责

问卷调查显示,关于目前质监机构的职责定位,6家认为不能完全适应工作需要,5家认为基本适应,5家认为能适应。关于是否有"责权不一致"的问题,12家认为欠一致,3家认为不一致,1家认为一致;关于质监工作职责需要做哪些方面的调整或改进的问题,9家认为采用行政执法,7家认为采用备案制,2家认为其他。

在质量监督的职责定位中,项目的质量水平不仅取决于质量监督,项目的施工条件、设计水平、造价(单价)等也是质量好坏的决定因素,目前很多工程建设前松后紧,或为了赶进度,完成任务,不惜一切代价,往往加大了工程投资,也影响了工程质量。目前,招投标、设计阶段均未介入,但一些市场行为的查处和责任却要监督部门承担,评价、处罚权相对于出现事故后以及在交工检测等方面承担的责任也不相一致。质监机构工作做得太多、太细,有的甚至替代了业主、监理和施工单位的管理人员,没有真正发挥参建各方的作用。

由于监督工作性质决定了监督工作特点是,在工程质量保证体系中,质监机构只是质量控制的外因,必须通过激发业主、监理单位、施工单位的主观能动性才能发挥应有的作用。因此,在现有管理模式下,加强建设、监理现场管理的科学性和规范化是第一要务,也就是加强对建设各方行为的监督,对现场问题和偏差做强力纠正是第二要务。质监机构要建立起相适应的法律法规体系,重在行政执法,重在动用强制手段,树立交通质监"代表政府,行使公权"的形象和权威,积极探索技术监督与备案、行政执法并举的监督模式,让参建单位更多承担起自身责任。

2. 质量监督的范围

关于监督范围的进一步拓展方面问卷调查显示,12家认为在现有质监工作的基础上监督工作范围需要拓展,4家认为不需要拓展;关于监督拓展范围可能方面,11家认为是环保及工程安全,9家认为是设计,8家认为是招投标。

在监督工作范围的拓展上,要真正做到社会满意和无质量安全事故发生,随着社会的进步发展,对工程质量要求不断提升,还应该不断提高监督工作的深度,强化监督检测技术水平,提高权威性。

在当前及今后一个时期影响工程质量的重要因素中,一是在建设过程中勘察设计工作不细,设计文件出现差、错、碰、漏现象较多,设计变更量大,设计现场服务不到位或服务质量差,设计监理机制尚未建立,设计质量的提高将是一个需要及时解决和持续解决的问题;二是招投标与市场其他行为监督的脱节、对施工单位资质管理的缺位;三是随着营运项目和里程的不断增加,为维持良好的工程技术状况与服务质量,桥梁维修加固、路面预防性养护、矫正性养护等工程项目数量也不断增加,而养护工程质量与施工过程安全管理重要性与日俱增。

因此,随着质量内涵的不断拓展,质量的保证要从招投标和设计源头抓起,设计监督、招投标监督确有产生的前提和必要性，公路工程质量内涵应从公路工程实体质量到全面质量的拓展、从技术指标质量到社会公众需求质量的拓展和从服务对象单一化到多样化的拓展，真正让社会公众满意，真正做到符合环境保护和可持续发展的要求，以及符合美学、人文、价值观念方面的要求。因此，在公路工程质量监督机构的发展中还需要进一步明确监督工作范围和职能定位，希望能够尽快将技术性执法转变为行政执法，以达到真正的市场监管体制。

2.7 本章小结

（1）通过对我国公路工程质量监督发展历程的回顾，质量监督机构发展经历 3 个重要阶段：质量监督机构建立发展初期阶段（1987—1998 年）、质量监督机构稳步健康发展阶段（1999—2008 年）、"站改局"进一步转变和深化质量监督职能阶段（2009 年至今）。

（2）通过对公路工程质量内涵的研究，让质量内涵不断扩展，提出了监督工作范围应作出调整，质量的保证应从招投标和设计源头抓起，做到从公路工程实体质量到全面质量的拓展、从技术指标质量到社会公众需求质量的拓展和从服务对象单一化到多样化的拓展，真正让各方面满意，真正做到符合环境保护和可持续发展的要求，以及符合美学、人文、价值观念方面的要求。

（3）根据公路工程质量内涵拓展的要求，以及现有的公路工程质量监督模式，提出了新型的监督工作方法，即现场监督与远程监控相结合、行政执法监督、逐步建立质量监督工作标准化，以及在设计和养护工程方面介入监督。

提出了当前形势下有必要在原有的质量监督工作模式和方式的基础上进一步创新，也就是将质量监督工作手段转变为现场监督与远程监控相结合、将质量监督模式由技术性执法转变为行政执法监督、逐步建立质量监督工作标准化，以及在设计和养护工程方面介入监督。

（4）在全面回顾监督发展历程的基础上，对工程质量监督的发展进行了展望，指出了质量监督机构将面临监督任务与过去有所不同、监督机构的深化改革、监督职责和范围重新定位等一系列挑战，监督机构必须面对挑战做好准备。

第3章

新形势下公路工程质量督查体系研究

3.1 质量督查指标和评价方法现状的分析

公路工程质量监督工作中需要建立一个科学、规范、完善的质量监督评价系统。由评价对象组成评价体系框架，评价主体按照既定的评价目的，在特定的评定时期、评定地点按照一定的评定方法对评价对象进行综合分析及判定的整套系统，可以对工程质量给予形象的可识别的描述，服务于质量监督工作，从而增强监督工作的针对性和规范性，增加质量督查结果分析的科学性与指导性，提高监督工作有效性，达到最终促进参建主体提高质量意识、保证工程质量的目的。

3.1.1 《公路工程质量督查办法》为掌握质量与安全动态发挥过积极的作用

公路工程质量监督工作前期，还没有建立完整的质量监督评价体系，质量监督工作主要依赖于《公路工程质量检验评定标准》《公路竣（交）工验收办法》《公路工程质量鉴定办法》《公路工程质量监督规定》《公路建设监督管理办法》《公路水运工程监理企业资质管理规定》《公路水运工程试验检测管理办法》等法规文件对公路工程质量实施质量监督，它们或是针对实体质量的，或是针对交工验收前的质量检测工作的，或是针对监理单位和监理人员管理的，或是针对试验检测单位和试验检测人员管理的，没有根据质量监督的全面工作建立完善的标准体系服务于质量监督工作。

为规范公路工程质量监督检查行为，提高质量督查工作的科学性和有效性，促进公路工程质量的提高，交通部质监总站先后于 2005 年 2 月 6 日发布了《公路工程质量监督检查办法》（质监公字〔2005〕10 号）、2007 年 3 月发布了《公路工程质量督查办法》（质监公字〔2007〕5 号）和 2008 年 4 月发布了《公路水运工程质量安全督查办法》（交质监发〔2008〕52 号）。

其中《公路工程质量监督检查办法》首先建立了由质量管理行为、施工工艺和工程实体质量三方面组成、适用于质量监督工作的标准化体系，《公路工程质量督查办法》详细规定了督查的原则、目的、方式、范围、程序及对质量问题的处理方法等，《公路水运工程质量安全督查办法》则在之前的基础上进行了扩充和完善。

（1）督查原则由原来的"科学、公正"增加到"严肃、科学、客观、公正"，强调了严肃性和客观性，也正是这样才能保证督查工作能够真实地反映督查对象的真实情况。

（2）从对"综合督查"和"专项抽查"目的描述转变到对内容的描述，同时明确了综合督查的督查计划、督查范围、督查程序，细化了问题处理分类和整改要求，明确了相关单位的责任。

（3）督查指标本着便于检查、突出重点、体现质量活动等原则进行了增减。

总之，2008版的"督查办法"在之前基础上完善了督查原则、增加了督查程序、细化了督查内容，使其更便于督查工作的开展及正确操作。

经过多年实践及这些办法的陆续实施，现有督查评价体系为了解质量与安全监管情况、掌握质量与安全动态、达到督查目的、促进工程质量水平发挥了重要的作用。

3.1.2 现有质量督查办法需要进一步改善

近年来公路质量形势发生了变化。截至2012年年底，全国高速公路里程已经达到96200km，较2008年增加了36000km。较之前里程数量的增加、施工难度增加幅度更为突出，桥隧比例已经接近50%。同时影响工程质量的外部因素日益复杂，参建单位水平参差不齐。为了应对这种形势，质量管理工作不断得到推进。自2008年以来，部推出多项质量管理文件，如《公路建设市场管理办法》《公路建设市场信用信息管理办法》《公路水运工程监理信用评价办法》《公路工程施工分包管理办法》《公路工程竣（交）工验收办法实施细则》《关于进一步加强公路水运工程工地试验室管理工作的意见》《关于进一步加强和规范公路水运工程试验检测工作的若干意见》《关于开展高速公路施工标准化活动的通知》等。这些文件突出了信用管理、法人管理、试验检测管理等质量管理手段。

国务院制定的《质量发展纲要》（2011—2015年）对工程质量发展的具体目标作了详细的要求："工程质量水平显著提升。工程质量整体水平保持稳中有升，建筑、交通运输、水利电力等重大建设工程的耐久性、安全性普遍增强，工程质量通病治理取得显著成效"。这个目标是现阶段质量工作的主要发展方向。

同时，部质量监督局近些年也根据全国总体质量形势的变化而不断调整工作重心。

通过分析部质监局2005—2011年的工作总结，找出公路工程质量形势的变化和部总局工作重心的调整方向。

1. 目前质量工作存在的普遍问题

（1）质量管理行为。

1）参建单位合同意识淡漠，市场不规范、制度不落实，违法分包转包屡有发生。

2）从项目管理看，建设规模与管理资源配置失调，人、财、物等建设资源短缺。

3）从业队伍素质不高。

4）征地拆迁难度进一步加大，阻工事件时有发生，合理工期难以保障，赶工、抢工无法根治。

5）工程设计周期太短，深度不足，工程施工中变更频繁，不可预见性和随意性增大，工程质量安全隐患增多。

(2) 施工工艺。施工工艺水平不均衡。

(3) 工程实体。

1) 混凝土施工质量不均衡。

2) 路基压实度由于追求平整度片面指标而被牺牲。

3) 结构工程质量指标波动明显。

2. 近些年已经得到改善的问题

(1) 质量管理行为。

1) 通过强化合同管理、构建监理及试验检测单位、人员信用评价系统、组织专业考试、开展活动，使监理及试验检测人员数量、素质大幅提高，市场行为更加规范。

2) 推行精细化管理，各地在管理水平上均有不同程度的提高。

3) 从工程实体监督向管理行为转变。

4) 除混凝土质量通病外，质量通病大部分得到解决。

(2) 施工工艺。

推行工地标准化、工艺工法标准化，提高施工工艺水平。

(3) 工程实体。总体抽检指标稳步上升，但个别指标依然差强人意。

3. 近些年新发展的问题

(1) 随着工程重点区域逐步转入工程条件更为复杂的山岭和水域，地质状况复杂、施工环境恶劣、建设条件艰苦、施工难度增大等问题凸显。

(2) 新一代农民工市民化趋势日益显现。

(3) 资源节约型和环境友好型对工程质量、安全水平提出了更高的要求。

4. 坚持的工作思路

(1) 精细化管理、差别化管理。

(2) 以项目法人为主要对象，以法律法规、强制性标准的执行情况为主要内容，努力实现监督重点由工程实体向项目管理责任主体质量安全管理行为的转变。

(3) 切实抓好混凝土质量通病治理工作。

(4) 切实加强监理和试验检测管理工作。

5. 工作总体思路的变化

工作重点由工程实体向影响工程实体质量安全的关键工艺、关键部位转变，督查内容由具体转向宏观。

由此可见，总局的工作总体思路因质量形势的变化而发生了变化，因此调整督查内容和方式也势在必行。

6. 改进督查办法

通过调查问卷等形式，督查专家认为现有督查办法在指标设置方面需要改进。

3.2 指标评价体系的确定

质量监督机构对质量进行标准化评价的体系，指在公路工程中按照一定评价方法对质量标准化的指标进行评价的系统。在日益复杂的建设形势下，评价体系必须能够服务于质量监督工作，并客观科学地对工程质量给予形象的可识别的描述和评价，以有效提高监督管理的科学性和有效性、促进主体提高质量意识，保证工程质量，切实维护国家与公众利益。因此，公路工程质量监督必须构建多层次、客观、公平的评价体系，选择科学实用的评价方法，建立健全有效评价机制，评价结果具有综合性、规范性、科学性、指导性，为政府进行工程质量监督提供一套系统完善的管理方法和手段。

指标评价体系包括质量督查评价体系框架建立、质量督查评价指标选取原则研究等方面。

3.2.1 质量督查评价体系框架建立

1. 质量管理行为

质量保证体系由1992年实行的"政府监督、施工监理、企业自检"的三级质量保证体系，发展到1999年实行的"政府监督、社会监理、企业自检"的质量保证体系，再到2005年"政府监督、业主负责、社会监理、企业自检"的四级质量保证体系，到目前政府监督下的"法人负责、监理控制、施工保证"质量保证体系。因此，建设单位、监理单位和施工单位的质量管理行为都是项目质量行为的重要构成。此外，设计单位的质量行为对工程质量也至关重要，因此，包含了对建设单位、监理单位、施工单位和设计单位质量行为的评价能够综合反映整个项目的质量管理行为水平。

2. 施工工艺

施工工艺是指一项工程的施工技术、施工方法和施工顺序，是高质量完成工程的技术保证。因此，施工工艺水平的高低将决定工程质量的优劣。为此，交通运输部于2011年开展旨在加快推行现代工程管理，促进工程施工管理的标准化、规范化、精细化，确保工程质量和安全的高速公路施工标准化活动。随着施工标准化的不断推进，通过完善管理制度，明确质量责任，施工规范性和管理精细化水平稳步提升。这些提升充分说明重视和提高施工工艺水平对提高实体质量乃至整体工程质量水平至关重要。

3. 工程实体质量

2020年，建设工程质量水平全面提升，国家重点工程质量达到国际先进水平，人民群众对工程质量满意度显著提高。工程实体质量是影响公路产品耐久性最关键性指标，是影响工程质量关键控制性因素，关系结构工程耐久性、结构安全和出行安全，也是所有质量工作的目的和评价标准。近些年，随着部、省等各级质量管理部门对质量工作的重视和施工水平的提高，实体质量也在逐年提高。

通过以上分析，我们认为现有的质量督查评价体系框架（图3-1）对提高督查的科学性，促进质量与安全管理水平的提升依然能够起到积极的促进作用，能够满足下阶段质量督查的需要，作为主要评价对象应予以保留。

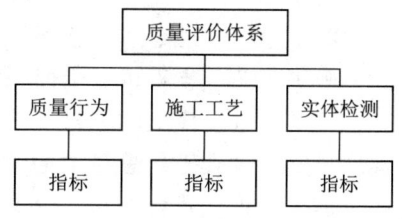

图3-1 质量督查评价体系框架图

3.2.2 质量督查评价指标选取原则研究

质量督查评价指标选取首先应该符合全局和宏观的理念。部进行的质量督查不是地方监督机构的日常检查，督查的重点应放在宣传、贯彻、执行质量安全管理法规、政策和强制标准方面，检查有关单位的质量安全行为、施工工艺等对工程质量安全总体控制水平起决定作用的内容，以及影响工程总体质量的关键项目、关键工序及薄弱环节。指标的选取就是要突出督查重点，并且能够客观真实地代表总体质量水平。

1. 质量管理行为督查指标研究

质量管理的对象是人员、材料、工艺、机械和工作环境，管理的手段实现是制定管理制度并有效落实。质量管理是实现质量的前提。

质量管理行为在公路建设中主要包括：人员情况，如进场人员的资格情况、人员实际到位情况等；设备情况，如进场设备情况、设备运转情况；制度，如质量管理目标、质量管理制度、质量保证体系、工期控制、费用支付、分包管理、人员变更情况、工地试验室管理制度等。制度制定应该从齐全、操作性和针对性等方面进行评价；制度落实则是评价贯彻和落实情况；规范及强制性标准的贯彻落实情况主要是检查相关单位对规范、规程及强制性标准的贯彻落实情况；质量问题主要包括如何检查隐患、质量问题及处理情况。根据各单位职能不同，具体因素也不尽相同。质量管理行为问题及发生频次分类见图3-2。

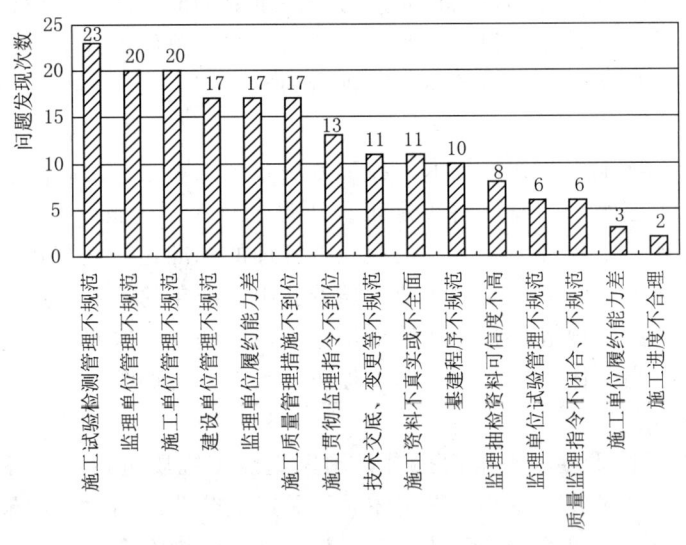

图3-2 质量管理行为问题及发生频次分类

2. 施工工艺督查指标研究

施工工艺应本着以点带面、突出重点、提高效率的原则进行指标筛选。指标分为两部分：一是关键工序上的关键工艺；二是依据年度公路工程质量状况分析报告及年度公路工程质量安全督查工作总结中记录的需要改进的施工工艺。要着重改善施工工艺不均衡的现状，加大对近些年督查报告和质量分析报告中反复提到的隧道施工、钢筋连接、路基填筑、混凝土浇筑等施工工艺的监控力度，督查指标中也应着重在以上几方面进行筛选。施工工艺问题及发生频次分类见图3-3。

3. 工程实体督查指标研究

工程实体评价指标非常重要。作为部质监局，实体检测数据可通过省站进行定期报送，

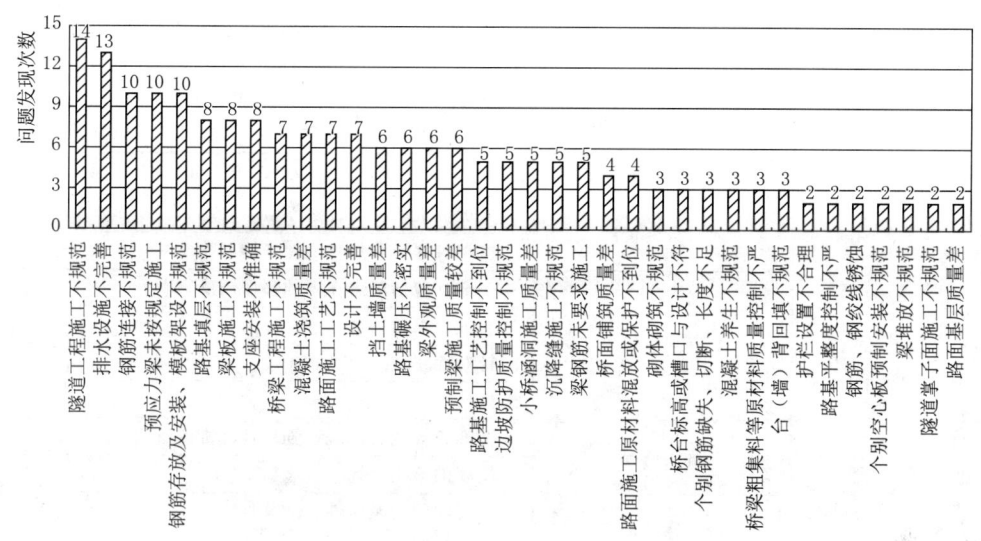

图 3-3 施工工艺问题及发生频次分类

因此督查抽检的指标应本着以点带面、突出重点、提高效率的原则进行筛选，侧重在影响工程总体质量的关键项目、关键工序及薄弱环节上。同时要考虑在 2h 有效的工作时间内能够完成现场检测和试验任务。因此，实体检测指标较现行督查办法有所减少。保留下来的指标分为两部分：一是关键工序上的关键项目；二是依据年度公路工程质量状况分析报告及年度公路工程质量安全督查工作总结中记录的薄弱环节。工程实体问题发生频次分布见图 3-4。

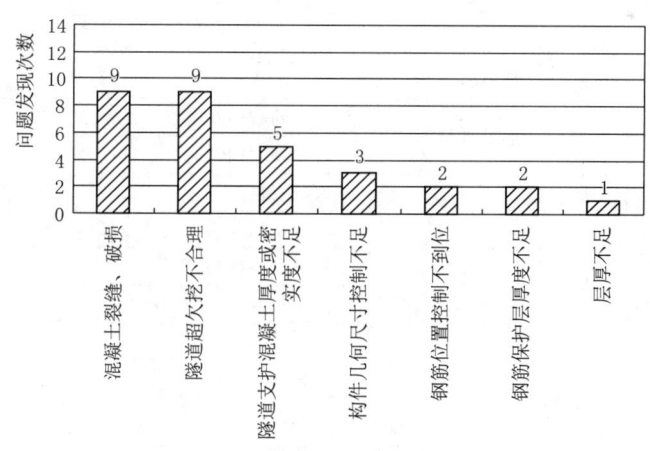

图 3-4 工程实体问题发生频次分布

2012 年，部质监局对全国 12 个省（自治区、直辖市）进行督查，共抽检 18 项实体检测指标（见图 3-3），其中有 6 项指标合格率为 100%，有 6 项指标合格率在 95%～100% 之间，有 5 项指标合格率在 90%～95% 之间，但是在督查中发现部分实体指标如结构工程实体质量抽检指标不够均衡，混凝土裂缝或破损、隧道超欠挖不合理、隧道支护混凝土厚度或密实度不足等问题发生频次较高，桥隧工程精细化管理和施工控制水平仍有待提高。

在对以上结果进行分析的基础上，采用专家调查法，通过对监督系统的 6 位高级工程师就现行指标的适用性进行了调查。结合专家意见和既有分析结果,确定表3-1至表3-3所列的各项指标。

表3-1　　　　　　　　　　质 量 行 为 评 价 指 标

序号	分类	因素	子因素
1	建设单位	人员资格情况	人员资格
2			组织机构及质量安全保证体系建设
3		制度制定情况	齐全(包括防尘在内的环保制度)
4			相关要求的符合性
5			针对性
6			操作性
7		落实情况	标准、规范、规程、强制性标准的落实
8			制度的落实
9		质量问题处理情况	发现问题的及时性、准确性
10			处理问题的及时性、准确性
11	施工单位	人员情况 (含工地试验室)	人员资格
12			组织机构及质量安全保证体系建设
13		设备情况 (含工地试验室)	进场的设备情况
14			设备管理情况
15		制度制定情况 (含工地试验室)	齐全
16			相关要求的符合性
17			针对性
18			操作性
19		落实情况 (含工地试验室)	标准、规范、规程、强制性标准的落实
20			制度的落实
21		质量问题处理情况	发现问题的及时性、准确性
22			处理问题的及时性、准确性
23	监理单位	人员情况	人员资格
24			组织机构及质量安全保证体系建设
25		设备情况	标书设备资格情况
26			实际进场的设备情况
27		制度制定情况	齐全
28			与相关要求的符合性
29			针对性
30			操作性
31		落实情况	标准、规范、规程、强制性标准的落实
32			制度的落实
33		质量问题处理情况	发现问题的及时性、准确性
34			处理问题的及时性、准确性
35	设计单位	人员情况	人员资格情况
36			组织机构及质量安全保证体系建设
37		设计情况	设计质量
38			设计变更

表 3-2　　施工工艺评价指标

序号	分类	因素	子因素
1	路基工程	土石方	地基处理（含软基处理）
2			临时排水
3			路基填筑压实（分层厚度、含水量、填料质量）
4			取弃土
5		防护和支挡工程	砌筑和勾缝
6	路面工程	沥青面层	原材料及拌和
7			摊铺
8			压实
9			层间处理
10		混凝土面层	原材料、拌和及运输
11			摊铺
12			接缝、传（拉）力杆设置
13			养生
14		基层	原材料、拌和及运输
15			摊铺
16			碾压
17			养生
18	桥梁工程	钢筋	存放
19			加工与安装（含预留钢筋）
20		混凝土施工	配合比控制
21			振捣
22			养生
23			后续工艺（含凿毛、预留件位置、表面收浆）
24			模板材质
25			模板安装与拆卸
26		预应力	张拉
27			封锚
28			存放
29		安装工程	支座
30			伸缩缝
31			挂板
32		砌体工程	砂浆（含勾缝）
33			沉降缝
34			养生

续表

序号	分类	因 素	子 因 素
35	隧道工程	开挖	通风、照明、防尘
36			爆破后的清理和支护
37			一次开挖台阶长度
38			锚杆安装
39		初期支护	锚杆及垫板安装
40			支护时间和方式
41			钢拱架与隔栅定位
42			防水板
43			渗水
44			混凝土外观
45		二次衬砌	配合比控制
46			振捣
47			养生
48			钢筋安装

表 3-3　　工 程 实 体 评 价 指 标

序号	分类	因 素	子 因 素（*表示关键指标）
1	路基工程	土石方	压实度*
2			弯沉*
3	路面工程	沥青面层	沥青层压实度*
4			厚度*
5		基层底基层	厚度*
6			整体性
7		混凝土外观	
8	桥梁工程	混凝土构件	混凝土强度*
9			钢筋保护层厚度*
10			钢筋位置
11			构件几何尺寸
12			裂缝宽度
13	隧道工程	开挖	超欠挖
14		衬砌支护	混凝土强度*
15			厚度*
16			锚杆间距*
17			锚杆抗拔力
18			空洞（二次衬砌时检测）*

续表

序号	分类	因素	子因素
19			钢材（力学性能）
20		原材料	水泥（凝结时间、安定性、胶砂强度）
21			沥青（针入度、延度、软化点）

3.3 质量评价体系指标权重的确定

3.3.1 比较权重确定的方法

现有评价体系包括质量管理行为、施工工艺、实体质量3个主要评价对象，各指标权重一致，其权重如图3-5所示。

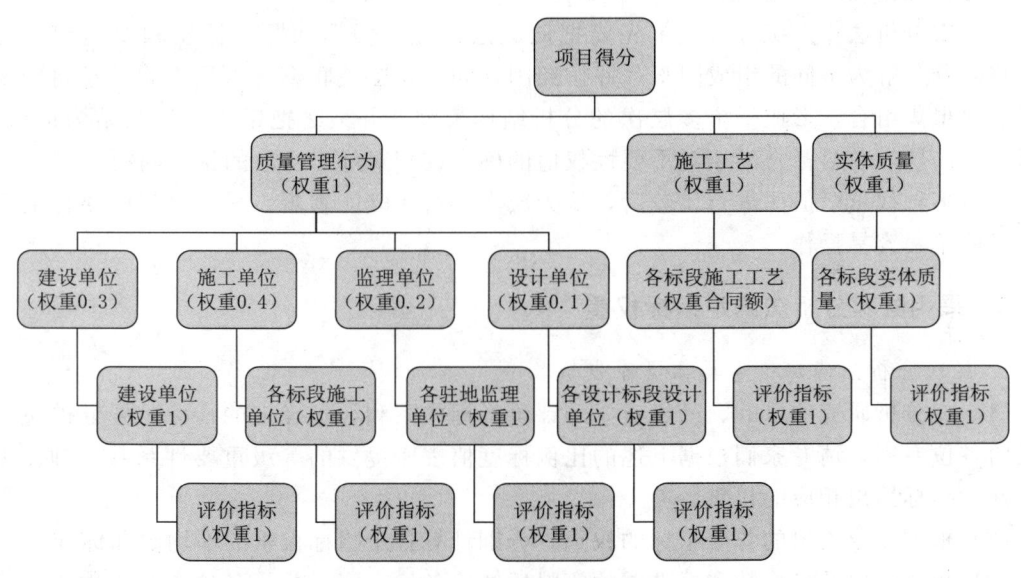

图3-5 目前质量评价体系框图

图3-5可见，除质量管理行为中各单位权重不同外，其他计算过程中各要素权重均为1，无法体现质监局"努力实现监督重点由工程实体向项目管理责任主体质量安全管理行为转变"的工作思路，也无法体现各指标对于整体质量的相对重要程度。同时权重不清，导致工作重点不突出、项目得分不精确，影响督查效果。因此，在新的评价体系中对各个评价指标应根据重要性确定相应的权重。

确定权重的方法目前有很多种，如变异系数法、德尔菲法、层次分析法等。

变异系数法（Coefficient of variation method）是直接利用各项指标所包含的信息，通过计算得到指标的权重，是一种客观赋权的方法。此方法的基本做法是：在评价指标体系中，指标取值差异越大的指标，也就是越难以实现的指标，这样的指标更能反映被评价单位的差距。但是公路工程质量评价体系指标间不具有这样的特点，因此变异系数法不适用于本系统。

德尔菲法（Delphi Method）是 1960 年由美国兰德公司的海默等人发明的长期预测法。又名专家意见法，依据系统的程序，采用匿名发表意见的方式，即专家之间不得互相讨论，不发生横向联系，只能与调查人员发生关系，通过多轮次调查专家对问卷所提问题的看法，经过反复征询、归纳、修改，最后汇总成专家基本一致的看法，作为确定的结果。这种方法具有广泛的代表性，较为可靠，能充分发挥各位专家的作用，集思广益，准确性高，也能把各位专家意见的分歧点表达出来，取各家之长，避各家之短。但是也会发生权威人士的意见影响他人的意见、有些专家碍于情面不愿意发表与其他人不同的意见、出于自尊心而不愿意修改自己原来不全面的意见等情况影响结果的确定。

层次分析法（the analytic hierarchy process，AHP）是从系统的观点出发，用定量的或定量与定性相结合的方法，对社会、经济、技术的系统进行分析、设计或改造的过程。经过多年的发展，AHP 已经成为一种非常成熟的决策分析方法，处理的问题类型有决策、评价、分析和预测 4 个方面。

用层次分析法作系统分析，首先要把问题层次化。根据问题的性质和要达到的总目标，将问题分解为不同的组成因素，并按照因素间的相互关联影响以及隶属关系将因素按不同层次聚集组合，形成一个多层次的分析结构模型，并最终把系统分析归结为最低层，相对于最高层（总目标）的相对重要性权值的确定或相对优劣次序的排序问题。

在对多种权重赋值法进行比较后，认为层次分析法既能客观、科学地反映指标的重要性，又简单、容易操作。

3.3.2 采用层次分析法确定指标权重

1. 层次分析法确定权重具体操作步骤

（1）将分析研究的目的、已经建立的评价指标体系和初步确定的指标重要性的量化标准发给各位专家，请专家们根据上述的比例标度值表所提供的等级重要性系数，独立地对各个评价指标给出相应的权重。

（2）根据专家给出的各个指标的权重，分别计算各个指标权重的平均数和标准差。

（3）将所得出的平均数和标准差的资料反馈给各位专家，并请各位专家再次提出修改意见或者更改指标权重数的建议，并在此基础上重新确定权重系数。

（4）重复以上操作步骤，直到各个专家对各个评价项目所确定的权数趋于一致、或者专家们对自己的意见不再有修改为止，把这个最后的结果就作为初始的权数。

（5）对初始权数进行处理，通过依据计算结果确定各个指标权重系数。

2. 层次分析法计算质量行为评价体系指标权重

（1）对 10 名监督专家（高级工程师）进行调查，确定了各指标的因素重要性。

（2）确定质量行为指标权重值。

1）构建第一层计算质量评价体系，见图 3-6。

2）确定影响质量管理行为的因素权重。影响质量管理行为的因素重要性依次为：施工单位 4；建设单位 3；监理单位 2；设计单位 1。

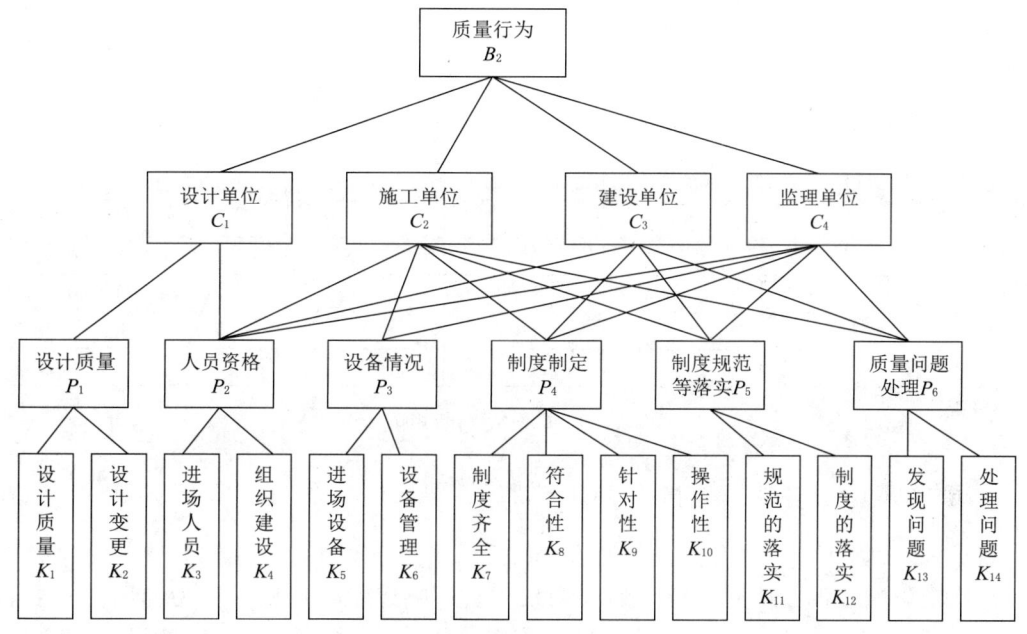

图 3-6 递阶层次结构模型

B_2-C 的判断矩阵如图 3-7 所示。

B_2	C_1	C_2	C_3	C_4	W
C_1	1	1/4	1/3	1/2	0.0969
C_2	4	1	2	2	0.4348
C_3	3	1/2	1	2	0.2863
C_4	2	1/2	1/2	1	0.1820

图 3-7 B_2-C 判断矩阵

$\lambda_{\max}=4.0458$,计算一致性指标:$\mathrm{CI}\dfrac{\lambda_{\max}-n}{n-1}=0.0153$,$\mathrm{RI}=0.96$,$\mathrm{CR}=0.016<0.1$,满足一致性。

3)确定影响设计单位质量行为的因素权重。影响设计单位质量行为的因素重要性依次为:设计质量 3;人员资格 1。

构建第二层 C_1-P 判断矩阵如图 3-8 所示。

C_1	P_1	P_2	W
P_1	1	3	0.7500
P_2	1/3	1	0.2500

图 3-8 C_1-P 判断矩阵

$\lambda_{\max}=2$,计算一致性指标:$\mathrm{CI}=\dfrac{\lambda_{\max}-n}{n-1}=0$,$\mathrm{RI}=0$,$\mathrm{CR}=0<0.1$,满足一致性。

4）确定影响施工单位质量行为的因素权重。影响施工单位质量行为的因素重要性依次为：制度及规范、标准的落实情况 6；制度的制定 5；质量问题处理 4；人员资格 2；设备情况 1。

$C_2 - P$ 判断矩阵如图 3-9 所示。

C_2	P_5	P_3	P_4	P_2	P_6	W
P_5	1	6	2	5	4	0.4607
P_3	1/6	1	1/4	1/2	1/2	0.0622
P_4	1/2	4	1	3	2	0.2516
P_2	1/5	2	1/3	1	1/2	0.0907
P_6	1/4	2	1/2	2	1	0.1348

图 3-9　$C_2 - P$ 判断矩阵

$\lambda_{\max} = 5.0569$，计算一致性指标：$CI = \dfrac{\lambda_{\max} - n}{n - 1} = 0.0142$，$RI = 1.12$，$CR = 0.0123 < 0.1$，满足一致性。

5）确定影响建设单位质量行为的因素权重。影响建设单位质量行为的因素重要性依次为：制度的制定 4；制度及规范、标准的落实情况 3；人员资格 2；质量问题处理 1。

$C_3 - P$ 判断矩阵如图 3-10 所示。

C_3	P_6	P_4	P_5	P_2	W
P_6	1	1/4	1/3	1/2	0.0969
P_4	4	1	2	2	0.4348
P_5	3	1/2	1	2	0.2863
P_2	2	1/2	1/2	1	0.1820

图 3-10　$C_3 - P$ 判断矩阵

$\lambda_{\max} = 4.0458$，计算一致性指标：$CI = \dfrac{\lambda_{\max} - n}{n - 1} = 0.0153$，$RI = 0.96$，$CR = 0.0159 < 0.1$，满足一致性。

6）确定影响监理单位质量行为的因素权重。影响监理单位质量行为的因素重要性依次为：制度及规范、标准的落实情况 6；人员资格 5；质量问题处理 4；制度的制定 2；设备情况 1。

$C_4 - P$ 判断矩阵如图 3-11 所示。

C_4	P_5	P_3	P_4	P_2	P_6	W
P_5	1	6	2	5	4	0.4607
P_3	1/6	1	1/4	1/2	1/2	0.0622
P_4	1/2	4	1	3	2	0.2516
P_2	1/5	2	1/3	1	1/2	0.0907
P_6	1/4	2	1/2	2	1	0.1348

图 3-11　$C_4 - P$ 判断矩阵

$\lambda_{\max}=5.0569$,计算一致性指标:$CI=\dfrac{\lambda_{\max}-n}{n-1}=0.0142$,$RI=1.12$,$CR=0.0127<0.1$,满足一致性。

7) C-P 组合权重,见图 3-12。

层次 P \ 层次 C	C_1	C_2	C_3	C_4	组合权重
	0.0969	0.4348	0.2863	0.1820	
P_1	0.7500	0	0	0	0.0727
P_2	0.2500	0.0907	0.182	0.0907	0.1323
P_3	0	0.0622	0	0.0622	0.0384
P_4	0	0.2516	0.4348	0.2516	0.2797
P_5	0	0.4607	0.2863	0.4607	0.3661
P_6	0	0.1348	0.0969	0.1348	0.1109

图 3-12 C-P 组合权重矩阵

8) 确定影响设计质量的因素权重。影响设计质量的因素重要性依次为:设计质量 3;设计变更 1。

P_1-K 判断矩阵如图 3-13 所示。

P_1	K_1	K_2	W
K_1	1	3	0.7500
K_2	1/3	1	0.2500

图 3-13 P_1-K 判断矩阵

$\lambda_{\max}=2$,计算一致性指标:$CI=\dfrac{\lambda_{\max}-n}{n-1}=0$,$RI=0$,$CR=0<0.1$,满足一致性。

9) 确定影响人员资格的因素权重。影响人员资格的因素重要性依次为:进场人员 3;组织建设 1。

P_2-K 判断矩阵如图 3-14 所示。

P_2	K_3	K_4	W
K_3	1	3	0.7500
K_4	1/3	1	0.2500

图 3-14 P_2-K 判断矩阵

$\lambda_{\max}=2$,计算一致性指标:$CI=\dfrac{\lambda_{\max}-n}{n-1}=0$,$RI=0$,$CR=0<0.1$,满足一致性。

10) 确定影响设备的因素权重。影响设备的因素重要性依次为:进场设备 3;设备管理 1。

P_3-K 判断矩阵如图 3-15 所示。

P_3	K_5	K_6	W
K_5	1	3	0.7500
K_6	1/3	1	0.2500

图 3-15　P_3-K 判断矩阵

$\lambda_{\max}=2$，计算一致性指标：$CI=\dfrac{\lambda_{\max}-n}{n-1}=0$，$RI=0$，$CR=0<0.1$，满足一致性。

11）确定影响制度制定的因素权重。影响制度制定的因素重要性依次为：制度的符合性 4；制度的齐全 3；制度的针对性 2；制度的操作性 1。

P_4-K 判断矩阵如图 3-16 所示。

P_4	K_{10}	K_8	K_7	K_9	W
K_{10}	1	1/4	1/3	1/2	0.0969
K_8	4	1	2	2	0.4348
K_7	3	1/2	1	2	0.2863
K_9	2	1/2	1/2	1	0.1820

图 3-16　P_4-K 判断矩阵

$\lambda_{\max}=4.0458$，计算一致性指标：$CI=\dfrac{\lambda_{\max}-n}{n-1}=0.0153$，$RI=0.96$，$CR=0.0159<0.1$，满足一致性。

12）确定影响制度、规范落实质量的因素权重。影响制度、规范落实质量的因素重要性依次为：规范、规程及强制性标准的落实 3；制度的落实 1。

P_5-K 判断矩阵如图 3-17 所示。

P_5	K_{11}	K_{12}	W
K_{11}	1	3	0.7500
K_{12}	1/3	1	0.2500

图 3-17　P_5-K 判断矩阵

$\lambda_{\max}=2$，计算一致性指标：$CI=\dfrac{\lambda_{\max}-n}{n-1}=0$，$RI=0$，$CR=0<0.1$，满足一致性。

13）确定影响质量问题处理的因素权重。影响质量问题处理的因素重要性依次为：质量问题得到闭合处理 3；发现问题 1。

P_6-K 判断矩阵如图 3-18 所示。

P_6	K_{13}	K_{14}	W
K_{13}	1	1/3	0.2500
K_{14}	3	1	0.7500

图 3-18　P_6-K 判断矩阵

$\lambda_{\max}=2$,计算一致性指标:$CI=\dfrac{\lambda_{\max}-n}{n-1}=0$,$RI=0$,$CR=0<0.1$,满足一致性。

14)计算 P-K 组合权重,见图 3-19。

层次 P / 层次 K	P_1	P_2	P_3	P_4	P_5	P_6	组合权重
	0.0727	0.1323	0.0384	0.2797	0.3661	0.1109	
K_1	0.7500	0	0	0	0	0	0.0545
K_2	0.2500	0	0	0	0	0	0.0182
K_3	0	0.7500	0	0	0	0	0.0992
K_4	0	0.2500	0	0	0	0	0.0331
K_5	0	0	0.7500	0	0	0	0.0288
K_6	0	0	0.2500	0	0	0	0.0096
K_7	0	0	0	0.2863	0	0	0.0801
K_8	0	0	0	0.4348	0	0	0.1216
K_9	0	0	0	0.1820	0	0	0.0509
K_{10}	0	0	0	0.0969	0	0	0.0271
K_{11}	0	0	0	0	0.7500	0	0.2746
K_{12}	0	0	0	0	0.2500	0	0.0915
K_{13}	0	0	0	0	0	0.2500	0.0277
K_{14}	0	0	0	0	0	0.7500	0.0832

图 3-19 P-K 组合权重矩阵

层次总排序一致性检验如下。

计算总的一致性指标为

$$CI^{(4)} = \sum_{i=1}^{6} w_i^{(4)} CI_i = 0.0727\times 0 + 0.1323\times 0 + 0.0384\times 0 + 0.2797\times 0.0153 \\ + 0.3661\times 0 + 0.1109\times 0 = 0.0042$$

计算总平均随机一致性指标为

$$RI^{(4)} = \sum_{i=1}^{6} w_i^{(4)} RI_i = 0.0727\times 0 + 0.1323\times 0 + 0.0384\times 0 + 0.2797\times 0.96 \\ + 0.3661\times 0 + 0.1109\times 0 = 0.2685$$

计算总随机一致性比率为

$$CR^{(3)} = \dfrac{CI^{(3)}}{RI^{(3)}} = \dfrac{0.0042}{0.2685} = 0.0159 < 0.1$$

故认为递阶层次结构在第四层以上的所有判断具有整体满意的一致性。

3. 得出质量行为评价指标权重

汇总以上的层次计算结果,得出质量行为评价指标权重,见表 3-4。

表 3-4　　　　　　　　　　　　质量行为评价指标权重

序号	分类	因素	子因素
1	建设单位 (0.2863)	人员情况 0.0521	人员资格　0.0390
2			组织机构及质量安全保证体系建设　0.0131
3		制度制定情况 0.1245	齐全　0.0356
4			相关要求的符合性　0.0541
5			针对性　0.0226
6			操作性　0.0122
7		落实情况 0.0820	标准、规范、规程、强制性标准的落实　0.0615
8			制度的落实　0.0205
9		质量问题处理情况 0.0277	发现问题的及时性、准确性　0.0069
10			处理问题的及时性、准确性　0.0208
11	施工单位 (0.4348)	人员情况 0.0394	人员资格　0.0300
12			组织机构及质量安全保证体系建设　0.0094
13		设备情况 0.0270	进场的设备情况　0.0203
14			设备管理情况　0.0067
15		制度制定情况 0.1094	齐全　0.0313
16			相关要求的符合性　0.0476
17			针对性　0.0199
18			操作性　0.0106
19		落实情况 0.2003	标准、规范、规程、强制性标准的落实　0.1502
20			制度的落实　0.0501
21		质量问题处理情况 0.0586	发现问题的及时性、准确性　0.0142
22			处理问题的及时性、准确性　0.0440
23	理单位 (0.1820)	人员情况 0.0165	人员资格　0.0124
24			组织机构及质量安全保证体系建设　0.0041
25		设备情况 0.0113	进场的设备情况　0.0085
26			设备管理情况　0.0028
27		制度制定情况 0.0458	齐全　0.0131
28			相关要求的符合性　0.0199
29			针对性　0.0083
30			操作性　0.0044
31		落实情况 0.0838	标准、规范、规程、强制性标准的落实　0.0629
32			制度的落实　0.0209
33		质量问题处理情况 0.0245	发现问题的及时性、准确性　0.0277
34			处理问题的及时性、准确性　0.061

续表

序号	分类	因素	子因素
35	设计单位 (0.0969)	人员情况 0.0242	人员资格　0.0182
36			组织机构及质量安全保证体系建设　0.0060
37		设计情况 0.0727	设计质量　0.0545
38			设计变更　0.0182

同上步骤，可以计算出施工工艺及工程实体的指标权重。

质量形势是不断变化的，督查内容不能一成不变，督查指标和权重也要根据质量形势、督查目的的变化而变化。我们的权重可以根据质量形势和督查目的随时进行调整，以起到增加督查工作的针对性、指导性，提高督查工作有效性，达到促进参建主体提高质量意识、保证工程质量的最终目的。

3.4 质量评价体系中评价方法的确定

3.4.1 评价方法的确定

系统评价方法有以下几类：①专家评估，由专家根据本人的知识和经验直接判断来进行评价，常用的有评分法、表决法和检查表法等；②技术经济评估，以价值的各种表现形式来计算系统的效益而达到评价的目的，如净现值法（NPV 法）、利润指数法（PI 法）、内部报酬率法（IRR 法）和索别尔曼法等；③系统分析法，对系统各个方面进行定量和定性的分析来进行评估，主要类型有层次分析法、灰色关联分析体系、DEA 评价体系和模糊数学评价模型。

根据督查目的和内容以及行业特点，现有评价体系中使用的评价方法是专家评估类中的评分法。评分法是用于评价指标无法用统一的量纲进行定量分析的场合，而用无量纲的分数进行的综合评价。这种方法先分别按不同指标的评价标准对各评价指标进行评分，然后采用加权相加来求得总分。评分法是日常检查中常用的方法，便于专家的理解和操作。

随着质量督查工作的不断深入，在督查过程中逐步发现现有评分法在操作性上、代表性上还存在差强人意的地方。

通过对参加过交通运输部工程质量监督局督查的山东、辽宁、北京、天津和云南专家进行访问和书面调查，分析现行的督查办法在检查方式上也存在以下问题。

（1）评价专家组成员属临时抽调性质，在短时间内让他们充分熟悉被评项目资料、全面正确掌握评价因素及其权值，有一定的困难。

（2）根据督查办法的规定，督查对象为每个项目的建设、设计、施工、监理等多家单位，督查时间为 1~2d。因此，具体到每个标段的有效督查时间仅为 2h 左右。目前督查内容相对较多，检查频率相对较高，这就导致指标因得不到细致的检查而影响检查结果的客观性。

（3）检查方法采用评分制，虽然有利于将检查结果量化，但也存在由于检查内容不一致、专家打分标准和尺度掌握不一致的问题,而使评价缺乏客观性和科学性。

(4) 各单位为迎接检查会针对检查细目准备资料,不利于提高质量管理水平。

这些问题的存在将极大地影响质量督查的效果和对于全国公路工程质量水平的提高,因此需要重新确定评价办法。

检查表法是以简单的数据、容易理解的方式,制成图形或表格,必要时记上检查记号,并加以统计整理,作为进一步分析或核对检查之用。检查表的使用目的是记录某种事件发生的频率。这个方法适用于日常检查使用,不适用于质量督查工作的评价。

技术经济评估法是以价值的各种表现形式来计算系统的效益而达到评价的目的,不适用于工程质量评价。

3.4.2 模糊综合评价法

模糊综合评价法是一种综合评价方法,是根据模糊数学的隶属度理论把定性评价转化为定量评价,对受多种因素影响的事物做出全面评价的一种十分有效的多因素决策方法。

模糊数学发明者 L.A. 扎德教授从实践中总结出互克性原理:"当系统的复杂性日趋增长时,我们作出系统特性的精确而有意义的描述的能力将相应降低,直至达到这样一个阈值,一旦超过它,精确性和有意义性将变成两个几乎互相排斥的特性。"这就是说,复杂程度越高,有意义的精确化能力便越低。复杂性意味着因素众多,时变性大,其中某些因素及其变化是人们难以精确掌握的,而且人们又常常不可能对全部因素和过程都进行精确的考察,而只能抓住其中主要部分,忽略掉所谓的次要部分。使用基于模糊数学的模糊综合评价法可以满足对应复杂程度较高的系统进行评价的需要。因此,采用模糊综合评价法作为督查评价方法正是吻合督查专家在短时间内不能对工程全部质量指标和施工过程进行精确考察,但是可以利用自身丰富的工程经验对其复杂程度较高的现场质量情况进行评价的实际情况。

3.4.3 多层次模糊评价法应用

建立在模糊集合基础上的模糊综合评判方法,从多个指标对被评价事物隶属等级状况进行综合性评判,它把被评判事物的变化区间做出划分,一方面可以顾及对象的层次性,使得评价标准、影响因素的模糊性得以体现;另一方面在评价中又可以充分发挥人的经验,使评价结果更客观、更符合实际情况。模糊综合评判可以做到定性和定量因素相结合,扩大信息量,使评价精度得以提高,评价结论可信。

1. 模糊评价法的工作步骤

(1) 模糊综合评价指标的构建。模糊综合评价指标体系是进行综合评价的基础。在 3.2 节已经确定。评价指标作为评价对象因素论域 U。$U=\{u_1, u_2, \cdots, u_m\}$,$u_i$ 表示对象因素,$i=1, 2, \cdots, m$。

(2) 采用构建好权重向量。通过 AHP 层次分析法构建好权重向量。在 3.3 节已经确定。

(3) 构建评价矩阵。建立适合的隶属函数,从而构建好评价矩阵 V。$V=|v_1, v_2, \cdots, v_n|$,$v_j$ 表示评价标准,$j=1, 2, \cdots, n$。

(4) 利用模糊矩阵的合成运算，进行综合评价。

(5) 评价结果的综合判定和解析。

2. 确定评语内容

为每个评价指标设计四级评语，分别为很好、好、一般和差，评语集 $V=\{V_1、V_2、V_3、V_4\}$ （V_1=很好，V_2=好，V_3=一般，V_4=较差）。每个评语对应于相应不同的评价标准，以"钢筋加工及安装"指标为例，见表 3-5。

表 3-5　　　　　　　　　　钢筋加工及安装评价标准

指标	评语	对 应 内 容
钢筋加工与安装	很好	钢筋、机械连接器、焊条等的品种、规格和技术性能应符合国家现行标准规定和设计要求；钢筋存放规范，钢筋连接满足现行规范及设计要求，钢筋定位准确牢固，保护层厚度控制方法适当
	好	钢筋、机械连接器按规定检验合格；钢筋进库存放，但垫块位置、数量部分不满足要求；钢筋表面局部有浮锈；钢筋焊接焊缝表面不平整，但没有较大的凹陷、焊瘤，焊缝有咬边现象；钢筋定位准确牢固，保护层厚度控制方法适当
	一般	钢筋、机械连接器按规定检验不合格；钢筋进库存放，但垫块位置、数量部分不满足要求；钢筋表面局部有浮锈、不明显裂痕；钢筋焊接焊缝表面不平整，少量存在凹陷、焊瘤，焊缝有咬边现象；钢筋定位基本准确，局部保护层厚度超出标准误差
	差	钢筋、机械连接器未按规定检验合格；钢筋未进库存放，垫块位置、数量不满足要求；钢筋表面有浮锈、裂痕或其他损伤；钢筋焊接焊缝表面不平整，有较大的凹陷、焊瘤，焊缝有咬边现象；钢筋焊接时，两结合钢筋轴线不一致；钢筋焊接时，焊缝长度不满足要求；钢筋连接接头数量、位置不满足要求；钢筋绑扎不牢固，无足够施工刚度；钢筋保护层垫块用料不适当，布置不合理，安装不牢固

3. 建立评价矩阵

督查中请专家根据检查情况，在很好、好、一般和差中选择其一给出每个指标定性评价。

4. 利用模糊矩阵的合成运算进行综合评价

把所有定性评价进行汇总，做矩阵的合成运算，并根据不同指标的权重、层次做归一化处理。最终根据最大隶属度原则，得出项目督查综合评价结果。这个阶段的所有矩阵计算可以通过计算机程序完成。

下面以设备情况评价为例进行演算。

(1) 确定评价对象：设备情况。

(2) 建立评价指标因素集 $U=\{U_1, U_2\}$。

U_1：进场设备；U_2：设备管理

(3) 确定评语集 $V=\{V_1, V_2, V_3, V_4\}$。

V_1=很好，V_2=好，V_3=一般，V_4=较差

(4) 确定权重。根据前文，设备进场的权重在设备情况范围内为 0.75，设备管理为 0.25。$A=(0.75, 0.25)$。

(5) 建立评价矩阵。先请专家根据检查情况，对进场设备和设备管理情况进行评价。目前总局督查多是 1 名专家对某方面问题进行检查，因此提出评价的专家仅为 1 人。假设

该名专家对设备进场情况评价为"很好",则进场设备的单因素向量为 $R_1=(1,0,0,0)$;对设备管理评价为"一般",则设备管理的单因素向量为 $R_2=(0,0,1,0)$,则 $R_{设}=\begin{pmatrix}1&0&0&0\\0&0&1&0\end{pmatrix}$。

(6)做矩阵的合成运算,并做归一化处理。

$$B_{设}=A\circ R=(0.75,0.25)\circ R_{设}$$
$$=[(0.75\wedge 1)\vee(0.25\wedge 0)],[(0.75\wedge 0)\vee(0.25\wedge 0)],$$
$$[(0.75\wedge 0)\vee(0.25\wedge 1)],[(0.75\wedge 0)\vee(0.25\wedge 0)]$$
$$=(0.75\vee 0),(0\vee 0),(0\vee 0.25),(0\vee 0)$$
$$=(0.75,0,0.25,0)$$

(7)根据最大隶属度原则,得出综合评价结果:设备情况为"很好"。

同上,作出评价施工单位的其他因素,如人员资格、制度制定、制度落实、质量问题处理的评价矩阵,计算出相应的最大隶属度 $B_人$、$B_制$、$B_落$、$B_问$,作为施工单位的单因素向量 $R_施$,则有

$$R_施=\begin{pmatrix}B_人\\B_设\\B_制\\B_落\\B_问\end{pmatrix}$$

其矩阵的合成运算为 $B_施=A\circ R_施$,A 为施工单位内各因素的权重值。

经过归一化处理后,得到对施工单位的评价。同理,作出设计单位、建设单位和监理单位的最大隶属度,得出其他单位的综合评价结果。最后,以同样的方式得出该项目质量管理行为的综合评价。

采用模糊综合评价法在很大程度上解决了时间紧、任务重、专家为了完成实测项目的检查而忽略宏观方面的检查的问题,一方面提高检查效率,另一方面也解决了因检查频率设置不科学,专家督查内容不一致,打分标准和尺度掌握不一致的问题,在很大程度上抵消了专家主观上的判断误差,从而使评价结果更加客观,督查结果更加科学。

3.5 质量问题处理方法及后评价

如何保证质量督查的有效性、权威性,做到问题处理闭合、使督查卓有成效是十分重要的问题。督查的目的不在查而在于督促提高,因此督查后评价非常重要。

督查结束后,质监总局将督查专家给出的质量评价经过汇总发布督查意见,并提出限期整改建议。各省交通运输厅要在限期内完成相关问题的整改工作,并通过文字、图片、音视频等载体将整改过程及结果反馈给质监总局。总局可根据反馈材料组织专家进行后评价。这样,既保证了督查的权威性,也使质量问题得到了有效的解决。

模糊评价在多人评价时更加准确,建议增加专家人数,或重新进行专家分组,使评级

结果更加客观。

3.6 本章小结

公路工程质量监督工作中需要建立一个科学、规范、完善的质量监督评价体系，服务于质量监督工作，从而增强监督工作的针对性和规范性，增加质量督查结果分析的科学性与指导性，提高监督工作有效性。

目前使用《公路水运工程质量安全督查办法》为监督机构掌握建设、设计、施工、监理等单位在工程建设中的质量安全工作状况，发现并督促整改施工过程中的质量管理问题、质量缺陷或隐患，对工程建设质量进行评价，并将从业单位的质量管理行为等情况纳入信用管理系统发挥了积极的作用，为质量安全监督工作提供了全面、系统、有针对性的工作依据。但也存在督查指标可行性、代表性、合理性及评价方法的科学性等问题。根据质量形势的变化和督查工作的深入，质量评价体系也必须不断进行完善。

经过研究，目前建立的由质量管理行为、施工工艺和工程实体质量组成的标准化体系依然适用于质量督查，由此建立的评价体系框架能够满足质量督查的需要。但具体指标根据督查目的和可操作性进行了调整。

利用层次分析法确定督查指标的权重。目前，各指标在权重上差别不大，这与实际情况不符。权重不清，就不容易在督查结果中反映出工程质量的实际情况。层次分析法是目前比较简明、易行的确定权重的数学方法，使用这种方法还可以充分发挥专家作用。另外，在指标中没有发生的或者没有检测的，可以利用层次分析法将其权重重新分配给其他指标，相对于综合打分法更具科学性。同时，还可以根据质量形势或者我们关心的问题，随时进行权重的变更。也可以根据比较层次的不同，选择指标在相应层次间的权重值进行。

使用模糊评价法对指标进行多层次的评价。模糊评价法可利用专家不拘泥于具体的丰富经验，使专家在短时间内对项目有更深层次、更加接近实际的了解，通过对指标进行很好、好、一般及较差的评价完成了对整个项目的评价，提高了检查效率和评价结果的准确性。

第 4 章

公路工程质量信息统计分析方法研究

4.1 公路工程质量信息统计现状分析

为增强质量状况统计分析工作的科学性,客观反映在建公路工程的质量状况和水平,全面掌握公路工程质量发展规律,促进公路工程质量提升,2008 年和 2010 年先后由交通运输部工程质量监督局牵头,发布了《关于印发公路水运工程质量和安全事故有关统计报表制度的通知》(厅质监字〔2008〕140 号和厅质监字〔2010〕321 号)。公路工程质量报表及质量监督信息统计报表每半年报送一次,将报送的公路工程质量监督抽检数据汇总分析,形成该半年度的《公路工程质量状况分析报告》予以发布。

《公路工程质量状况分析报告》是将各指标的合格率作为公路工程各指标质量状况的评价标准。其统计分析框架如图 4-1 所示。

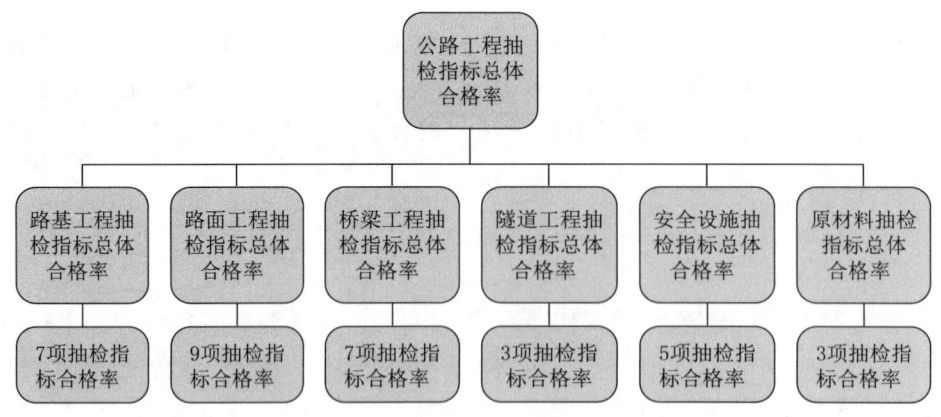

图 4-1 公路工程质量状况统计分析框架

统计分析过程中,需要计算分析 3 个层次的指标,最底层的是 34 项抽检指标合格率,中间层的是六大单位工程抽检指标总体合格率,最上层的是公路工程抽检指标总体合格率。这 3 个层次可以是对全国或省级的公路工程质量状况进行分析。

通过对这些指标的统计分析，每年可以对全国公路工程建设质量的宏观水平进行评价，已经逐步成为交通运输部对全国公路工程建设质量进行宏观把握的判断依据。统计办法的实施为把握工程质量监督的有效性，提高监督管理的信息化水平，促进公路工程建设质量提升，宏观把握全国公路工程建设质量水平具有重要意义。

信息统计工作实施了5年，随着高速公路的快速发展和相关标准规范的更新，发现在操作过程中存在一系列问题，需要做进一步的研究和改善。例如，目前质量统计指标的代表性如何，是否能真实反映产品质量、结构耐久性和隐蔽工程质量，统计指标的来源是否一致，指标分析方法是否合理，是否能客观反映工程质量状况等。

鉴于此，有必要对目前的统计指标和统计分析方法进行研究，分别采用专家咨询和问卷函调的方式对国内省级质监机构的公路工程质量状况统计报表制度进行调研，并通过分析研究对现行的信息统计工作进行优化和改进。

2012年5—7月课题组在全国范围内发放调研表格，通过问卷函调的方式对国内省级质监机构的公路工程质量状况统计报表制度进行调研，共有17家机构反馈。2011年2月邀请部分省级质监机构和相关专家，在京召开了公路工程质量监督相关工作专题研讨会，关于质量信息统计工作，提出了相关意见和建议。

4.1.1 质量统计指标现状

通过专家咨询和质监机构函调，统计指标建议汇总见表4-1。

表4-1　　　　　　　　　　　　质量统计指标建议表

问题归纳	相 关 建 议
指标数据来源	（1）只采用交工数据进行分析，半年周期的如果需要做，可以称为"动态分析"； （2）对数据分三阶段（即过程抽检、交工数据、竣工数据）进行处理，或者两阶段（抽检、交竣工数据）处理，不应汇总到一起； （3）业主委托的第三方检测数据是否纳入
指标的报送单元和范围	（1）无损检测数据太多的问题，如平整度、混凝土强度，需统一数据报送单元； （2）交工验收阶段弯沉指标合格率的计算方法应统一； （3）有的项目（如桥梁伸缩缝高差）在交工项目中已删除，统计分析时可删除； （4）隧道工程中的指标偏少，如隧道锚杆间距及长度、初期支护的指标没有考虑； （5）路面工程中的基层强度及厚度属施工过程中的检查，抽检数据少，建议取消； （6）增加检测指标，如地材、隧道工程中的锚杆拉拔力等

质量统计指标汇总为以上9条，归纳起来需要对以下三方面进行研究：一是统一指标数据来源；二是需完善质量统计指标；三是需统一指标报送单元。

4.1.2 质量统计分析方法现状

通过省级质监机构函调和专家咨询，对质量统计分析方法主要提出以下建议。

（1）统计方法应采用加权，而不是简单相加取合格率。

（2）应考虑投资额度。

（3）半年的统计周期太短，上半年数据少，下半年数据多，上、下半年数据缺少可比性，可1年或者5年进行分析。

（4）只要罗列数据即可，不必形成报告。

（5）冬季较长，上半年施工工期较短，上半年的监督数据不能完全反映公路工程质量状况。

（6）检测指标统计方法欠合理，把所有单位工程检测指标的数量简单相加，有些指标或单位工程检测数量少，对总体合格率基本没影响，而这些指标对质量影响却比较大。

质量统计分析方法现状，归纳起来的主要问题就是需研究分析方法的科学性、合理性，即是否要考虑投资额度、指标加权等。关于统计周期太短，由于季节等客观因素的差异，以后可以考虑以环比数据为参考，以同比为主进行分析。但在目前公路工程建设的快速发展期，拉长统计周期、只罗列数据不形成报告等建议并不适合，可以在建设放缓期再予以考虑。

4.2 报送数据的规范化、标准化研究

实践证明，之前建立的由公路工程抽检指标总体合格率、单位工程抽检指标总体合格率和单项指标抽检合格率组成的信息统计框架能够满足质量信息统计工作的需要。

同时对统计信息报送机构（省级质监机构）调研显示，41家报送的数据中适用的有8家，基本适用的有33家，不适用需改进的有10家（表4-2）。可见，目前的公路工程质量信息统计工作总体为基本适用，需在原有框架基础上研究以进一步改善其适用性和科学性。

表4-2　　　　　公路工程质量统计报表省级质监机构调研　　　　　单位：个

调研内容	适用	基本适用	不适用需改进
质量统计指标的合理性和适用性	3	10	4
质量统计指标数据的来源	4	11	2
质量统计分析方法	1	12	4

在调研的基础上，总结归纳了质量信息统计报送的基本原则，具体如下。

（1）质量信息统计框架不变，各省（自治区、直辖市）依然是按照高速公路、干线公路、农村公路3个等级，每个等级公路按照路基工程、路面工程、桥梁工程、隧道工程、交通安全设施和原材料6个单位工程，每个单位工程按确定的抽检指标报送抽检数据。

（2）信息报送分层次，国家质监总局质量信息数据从省级质监机构来，统一省级质监机构数据来源。

（3）统一完善信息统计指标，要求指标关键且不复杂，能客观和全面地反映工程质量和结构耐久性。

（4）指标数据按统计单元进行统计，摒弃单点统计。

4.2.1 统一指标数据来源

从检测机构来说，公路工程质量检测数据一方面是质监机构为完成监督工作独立抽检或委托检测机构抽检的数据，另一方面是施工、监理、业主抽检或其委托检测的数据。从

工程建设的不同阶段来说,分为在建工程检测数据、交工检测数据、竣工验收质量鉴定的复测数据以及工程养护阶段的养护工程检测数据。

为保证数据的真实、客观、可信,应采用质监机构独立抽检或委托检测机构抽检的数据,而不可报送施工、监理、业主委托检测数据。目前部分省份已开始对养护工程开展了监督工作,相对于新建公路而言,养护工程的合格率低于新建工程,如在统计中将养护数据进行汇总,从总体指标上看会拉低新建项目的合格率指标。所以,仅需报送在建项目和交工检测项目的数据,而无需报送养护工程的抽检数据。竣工数据是公路使用两年以上竣工验收前质量鉴定得到的数据,并且只是对部分项目进行复测,因此不宜纳入分析。

由此可见,统一指标数据来源:一是质监机构综合检查、过程监督或交工检测中独立抽检的数据;二是质监机构委托检测机构检测的抽检数据或交工检测数据;三是农村公路质量状况数据应为农村公路管理机构和农村公路质监机构的抽检数据。竣工复测指标数据、养护工程检测数据及施工、监理、业主委托检测数据不再纳入质量监督信息统计表(厅质监字〔2008〕140号交质监13表至19表)。

对数据按抽检、交工数据同时上报处理,保留了原来的网络录入系统和模式,数据稳定,方法统一,样本数量多,较为科学和全面。

4.2.2 完善质量统计指标

公路工程质量统计指标的选取原则是能反映工程实体质量、原材料和产品质量、结构耐久性、隐蔽工程质量的抽检指标,对工程实体质量具有重要意义。

原高速公路统计资料包括路基工程、路面工程、桥梁工程、隧道工程、交通安全设施五大单位工程和原材料及产品等六大单位工程34项抽检指标,这次完善质量统计指标是在原统计指标和公路工程质量鉴定抽查项目的基础上,排除了非过程质量控制的指标和质量控制非关键指标(如沥青路面车辙和桥梁工程伸缩缝与桥面高差等),增加了反映结构耐久性、隐蔽工程质量的抽检指标(如桥梁受力钢筋间距、隧道锚杆间距及长度),原材料及产品抽查指标除了沥青、水泥、钢筋三大主材外,还增加了粗细集料、桥梁橡胶支座、交通安全设施锚具、拼接螺栓和土工格栅/土工布。在此原则下高速公路、干线公路共计选取39项统计指标,农村公路共选取17项指标,如图4-2所示,具体指标名称详见表4-3。

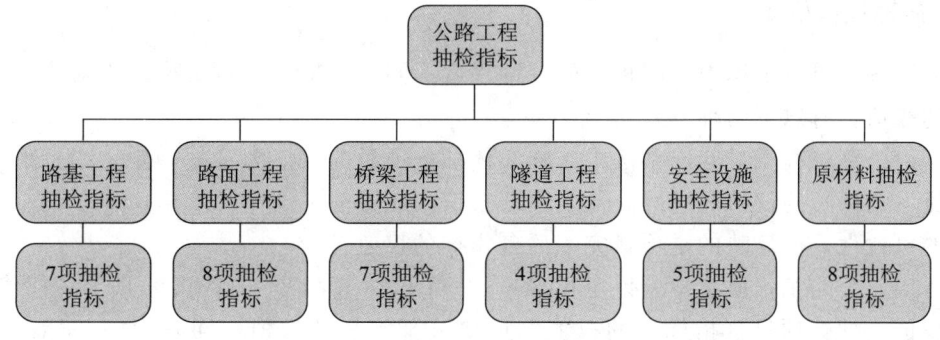

图4-2 公路工程质量状况统计指标分布

4.2.3 各省上报数据统计单元标准研究

质监机构在统计各质量指标抽检点时，统一按照质量检验评定标准及相关规范、测试规程要求进行。例如，采取无损连续式检测方法检测的路面平整度应按每100m输出一个结果来计算合格率；回弹法检测混凝土强度时应按一个测区作为一个统计点计算合格率；交工验收阶段弯沉指标合格率的计算方法应统一。

表 4-3　　　　　　　　　统一完善信息统计数据汇总表

问题	一、数据来源不统一	二、指标范围不合理	三、数据统计单元不统一——IRI（回弹强度）
后果	数据来源不可靠 竣工是两年后的数据部分复测	反映不了原材料和产品质量、结构耐久性、隐蔽工程质量	数据量太大 无法有效衡量质量
解决办法	采用交工检测数据、监督机构抽检和委托抽检 去除竣工复测指标数据、养护工程检测数据及施工、监理、业主委托检测数据	增加7项指标：桥梁受力钢筋间距、隧道锚杆间距及长度、粗细集料、桥梁橡胶支座、交通安全设施锚具、拼接螺栓和土工格栅/土工布 删除的两项指标：沥青路面车辙和桥梁工程伸缩缝与桥面高差	IRI按100m取一个代表值统计 混凝土强度按测区统计

对于原材料检测，其所有检测指标均满足规范要求的为合格样品，有一项或多项指标不满足规范要求的为不合格样品。

4.3　综合各项指标的统计分析方法研究

质量统计指标报送数据规范化、标准化，分析方法是否科学的问题，为了建立更为完善、科学的工程质量统计分析体系，本研究借鉴其他部门和行业的质量统计分析方法，对质量控制技术和质量管理理论进行综合分析，进一步完善质量监督评价体系。

4.3.1　指标权值确定

为显示各个单位工程中不同指标的关键程度不同，单位工程质量统计中对不同指标赋予不同的权值。有以下两种方式。

（1）以公路工程质量鉴定办法中工程实体抽查项目的权值为根据确定，指标的权值＝抽查项目（指标）的权值×所属分部工程的权值。此方法采纳同一表格中赋予的权值，具有较强的可比性，但反映的是项目完工后各指标的权值。

（2）以《公路工程质量检验评定标准》（JTG F80—2018）中各指标赋予的权值确定。指标的权值＝抽查项目（指标）的权值×所属分部工程的权值。同时为同一标准中的权值，具有可比性。

考虑到质量统计为工程施工过程中对质量的统计,而非完工后成品质量的统计。选择第(2)种方法。具体赋予权值见表4-4。

表4-4　　　　　　　　高速公路和干线公路39项统计指标及其权值

(计算说明:以F80为基准,用指标自身权值乘以所属分部权值,得到指标权值)

单位工程	抽检指标 (*表示关键指标)	权值	所属分部及权值	指标自身权值
路基工程 (总权值28)	路基弯沉*	6	土石方2	3
	路基压实度*	6	土石方2	3
	小桥涵混凝土强度*	4	小桥2+涵洞1,取平均1.5	3
	支挡工程砂浆及混凝土强度*	6	大型挡土墙2	3
	支挡工程断面尺寸*	4	大型挡土墙2	2
	排水工程铺砌厚度及断面尺寸	1	排水工程1	1
	小桥涵主要结构尺寸	1	小桥2+涵洞1,取平均1.5	1
路面工程 (总权值20)	沥青路面弯沉*	2	路面工程为主要分部,全部取2,统一约分为1	2
	混凝土路面强度*	3		3
	沥青路面压实度*	3		3
	路面平整度*	2		2
	路面厚度*	3		3
	混凝土路面相邻板高差	2		2
	路面抗滑	2		2
	路面基层强度及厚度	3		3
桥梁工程 (总权值34)	钢筋保护层厚度*	6	上部2、下部2	3
	上部混凝土强度*	6	上部2	3
	墩台混凝土强度*	6	下部2	3
	桥面宽度、厚度、横坡*	2	桥面系1	2
	墩台垂直度	4	下部2	2
	上下部主要结构尺寸	4	上部2、下部2	2
	受力钢筋间距	6	上部2、下部2	3
隧道工程 (总权值11)	衬砌强度*	3	隧道工程无主要分部,全部取1	3
	衬砌厚度*	3		3
	净空*	3		3
	锚杆间距及长度	2		2

续表

单位工程	抽检指标（＊表示关键指标）	权值	所属分部及权值	指标自身权值
安全设施工程（总权值9）	护栏横梁中心高度＊	2	护栏全部为2，约分为1	2
	立柱壁厚度＊	2		2
	混凝土护栏强度＊	2		2
	波形板厚度＊	2		2
	标志板净空	1		1
原材料及产品（总权值18）	沥青	3	沥青、水泥、钢筋三大建材作为重要材料，权值取为3；八项指标中，土工格栅/土工布对结构安全和工程质量影响相对较低，权值取1，其他新增指标取2	
	水泥	3		
	钢筋	3		
	粗细集料	2		
	橡胶支座	2		
	锚具	2		
	拼接螺栓	2		
	土工格栅/土工布	1		

4.3.2 4种统计方法及其特点

1. 总样本合格率法

单项抽检指标、单位工程抽检指标总体合格率及公路工程抽检指标总体合格率都是以随机抽检点的合格点数之和占总样本量的百分比计算合格率。因为各层次指标合格率均是指抽检合格点占总样本的合格率，为方便起见，又将该统计分析方法简称为总样本合格率法。

例4-1 在路基工程中，排水工程铺砌厚度和断面尺寸、小桥涵主要结构尺寸抽检合格率环比下降4.2和2.1个百分点。总体合格率却由98.7%变为98.9%，上升了0.2个百分点。各单项指标平稳，个别指标有大的下降，单位工程却有小的上升，原因为此单项指标总体抽检样本比例偏小，如路基共有7项指标，排水工程铺砌厚度和断面尺寸及小桥涵主要结构尺寸两项指标占总样本数比例仅为5%。即单位工程合格率反映不了每个指标的变化，只与总体样本合格率有关。

例4-2 在桥梁工程中共有7项指标，钢筋保护层厚度一项指标样本比例为40%左右，该项指标的大样本比例控制了整个单位工程的质量，对总体合格率影响很大，见表4-5。

表4-5　　　　单项指标样本量对单位工程质量的影响

钢筋保护层厚度	单项指标合格率/%	样本比例/%	桥梁单位工程合格率/%	去除该指标后桥梁工程合格率/%
某年下半年	73.1	42	87.3	97.8
某年上半年	74.7	37	88.3	96.2

优缺点：该方法概念明确、计算简单，但存在个别省区样本数量的多少决定了对全国该项指标合格率的影响程度，进而影响了该项指标所在单位工程的合格率，造成单位工程合格率反映不了每个指标的变化，不能真实反映质量状况，如在上面分析的路基和桥梁工程中都有此现象发生。

2. 指标投资额度法

按省份考虑投资规模的权重计算合格率。在质量状况统计分析时，以各省、各等级公路本统计周期内完成的投资额作为权值，按照加权平均法，计算出不同等级公路各质量指标和各单位工程的加权合格率，及各等级公路工程总体加权合格率（表4-6）。

采用投资额加权，而不是简单平均，考虑了各省不同单位工程的投资权重，避免了投资权重小而数据量庞大造成的总体合格率的不真实，计算出的各省不同等级公路的加权合格率更科学。

因此，本书研究了指标投资额度法和考虑投资的平均权重合格率法。

计算39项单项指标合格率时考虑各省统计周期内公路投资额度，计算出单项指标投资加权合格率，为方便简称为指标投资额度法。

按式（4-1）计算，即

$$\mathrm{DXH}_k = \frac{\sum_{i=1}^{32} \mathrm{ZB}_{k,i} \cdot \mathrm{TZ}_i}{\sum_{i=1}^{32} \mathrm{TZ}_i} \tag{4-1}$$

式中 DXH_k——单项指标投资加权合格率；

$\mathrm{ZB}_{k,i}$——指标 k 各省区合格率；

TZ_i——各省统计周期内高速公路投资额；

i——32个省区，包括新疆建设兵团。

然后计算单位工程合格率，即

$$\mathrm{DZH}_J = \frac{\sum_{i=k}^{n} \mathrm{DXH}_i}{n-k+1} \tag{4-2}$$

式中 DZH_J——单位工程 J 的总体合格率；

k、n——某单位工程的所有指标。

优缺点：每次计算的投资总额和每个省区单项指标的投资比例都在变化，计算比较困难；而实际情况是各指标合格率与投资额没有关系，各省投资额有必要从单项指标开始考虑。

3. 考虑投资的平均权重合格率法

首先计算39项单项指标合格率，为各省区的平均合格率；然后将该省区单位工程每个指标的合格率赋予权值，计算出该省区单位工程合格率；最后将各省单位工程合格率投资加权为单位工程合格率（或称总体合格率），即

$$\mathrm{DZH}_k = \frac{\sum_{i=1}^{32} \mathrm{DSH}_i \cdot \mathrm{TZ}_i}{\sum_{i=1}^{32} \mathrm{TZ}_i} \tag{4-3}$$

式中 DSH_i——省区单位工程合格率。

表 4-6 高速公路检测指标合格率数据汇总计算表

合格率\省份	单位工程 A		...	单位工程 J		...	单位工程 M		本统计周期内完成的高速公路投资额
	指标 ZB_1	指标 ZB_2	...	指标 ZB_k	指标 ZB_n	...	...	...	
省份 1	$ZB_{1,1}$	$ZB_{2,1}$		$ZB_{k,1}$	$ZB_{n,1}$	...	...	...	TZ_1
省份 2	$ZB_{1,2}$	$ZB_{2,2}$		$ZB_{k,2}$	$ZB_{n,2}$	...	...	...	TZ_2
省份 3	$ZB_{1,3}$	$ZB_{2,3}$		$ZB_{k,3}$	$ZB_{n,3}$	...	...	...	TZ_3
...	...	...	...	...	...	...	...	...	...
...	...	...	...	...	...	...	...	...	...
省份 32	$ZB_{1,32}$	$ZB_{2,32}$		$ZB_{k,32}$	$ZB_{n,32}$	...	...	...	TZ_{32}
单项指标加权合格率 DXH	...	...		$DXH_k = \dfrac{\sum_{i=1}^{32} ZB_{k,i} \cdot TZ_i}{\sum_{i=1}^{32} TZ_i}$					—
单位工程加权合格率 DGH	...			$DGH_J = \dfrac{\sum_{i=k}^{n} DXH_i}{n-k+1}$			...	...	—
总体加权合格率 ZTH	$ZTH = \dfrac{\sum_{i=1}^{m} DGH_i}{m}$(注:式中 m 为单位工程个数)								—

优缺点:各项指标省份平均的方法避免了由于各个省份数据量明显不统一造成的大数据量的省份主导了全国该指标质量的状况。单位工程将各项指标平均合格率赋权值的方法避免了某指标数据易测、数据量极大,主导了该单位工程的质量,而数据量小的指标在单位工程中不具有意义的质量统计状况。即各省不管数据多少,都代表本省的质量水平;避免了各省样本量相差太大造成的单项指标合格率不真实。

4. 平均权值合格率法(即不考虑投资额度的平均合格率法)

高速公路和干线公路分别包括路基、路面、桥梁、隧道、交通安全和原材料及产品六大单位工程,农村公路包括路基、路面、桥梁、交通安全和原材料及产品五大单位工程。每项单位工程以 32 个省区(包括新疆建设兵团)的各项抽检指标的合格率的平均值作为该项指标的合格率,然后将每个指标的平均合格率赋以权值计算出该单位工程总体合格率,即

$$DZH_k = \frac{\sum ZBH_i \cdot Q_i}{\sum Q_i} \tag{4-4}$$

式中 ZBH_i——单位工程抽检指标的平均合格率;
Q_i——对应抽检指标的权值。

(注:若先横向给各省赋予权值,再纵向平均,计算出的单位工程总体合格率与前法不一致,原因在于横向有些省区的个别指标没有数据,合格率为 0。因此统一先计算各指标平均值,再计算权值后的总体合格率。)

4.3.3 方法的分析比较与选择

通过统计分析计算，可以发现统计结果总是与图4-1提到的统计分析框架中的3个层次的合格率有关：单项指标抽检合格率（表4-7中简称单项指标）、单位工程抽检指标总体合格率（表4-7中简称单位工程）和公路工程抽检指标总体合格率（表4-7中简称总体）。以上3种合格率的计算方法及其特点见表4-7。

表4-7　　　　　　　　　　4种方法合格率计算方法及优缺点

序号	名称	计算方法	优缺点
方法一	总样本合格率法	单项指标—总样本合格率 单位工程—总样本合格率 总体—总样本合格率	（1）计算简单； （2）以偏概全； （3）不能真实反映质量状况
方法二	指标投资额度法	单项指标—各省投资额度加权 单位工程—平均合格率 总体—平均合格率	（1）指标合格率与投资额无关系； （2）计算困难
方法三	考虑投资的平均权重合格率法	单项指标—平均合格率 单位工程—权重合格率 总体—投资加权	（1）投资额度和合格率合理联系起来； （2）同省加权值一样，计算简单； （3）投资可能集中在某一两个单位工程上
方法四	平均权重合格率法	单项指标—平均合格率 单位工程—权重合格率 总体—平均合格率	（1）避免样本量影响； （2）体现了各指标的关键程度

1. 方法一、方法二和方法三的比较

方法二、方法三与方法一相比单位工程合格率有所上升（表4-8）。

表4-8　　　　　　　　　3种方法比较（以某年桥梁工程数据为例）

指标 （*表示关键指标）	权值	方法一/%	方法二/%	比较	方法三/%	比较
钢筋保护层厚度*	6	74.7	72.1	降	78.9	升
上部混凝土强度*	6	99.2	87.2	降	98.7	平
墩台混凝土强度*	6	99.4	99.7	平	99.5	平
桥面宽度、厚度、横坡*	2	94.0	90.5	降	96.0	升
伸缩缝与桥面高差*	4	97.2	98.0	平	98.2	升
墩台垂直度	4	94.2	95.8	升	96.2	升
上、下部主要结构尺寸	6	82.9	85.5	升	88.3	升
桥梁工程合格率		88.33	89.68	升	91.37	升

由于目前只能获取各省每年的年度投资额，而在每半年的质量统计周期中投资可能主要集中在路基、路面或隧道等的某项单位工程中，投资额度大并不代表每项单位工程所占的额度都大。当可以获得统计周期内的投资额及投资所在的主要单位工程等信息时，可以考虑采用投资的平均权重合格率法。

指标投资额度法是从指标开始考虑投资额度的，每次计算的投资总额和每个省区单项指标的投资比例都在变化,计算困难;且实际情况是各指标合格率与投资额没有关系,所以指标投资额度法不具有实际意义。

因此,本书取消对投资额度的考虑,即方法二和方法三目前不具有适用性。

2. 方法一和方法四的比较和选择

分别用总样本合格率法和平均权值合格率法计算某统计周期的单项指标合格率、单位工程抽检指标总体合格率和各省抽检指标总体合格率,并进行分析比较。

(1) 方法一、方法四单项指标合格率比较(表4-9)。

表4-9　　　　　　总样本合格率与平均权值合格率比较　　　　　　%

序号	高速公路 (*表示关键指标)	某年上半年 (总样本合格率)	某年上半年 (平均权值合格率)	备注
1	路基弯沉*	99.4	99.5	平升
2	路基压实度*	98.5	98.4	平降
3	小桥涵混凝土强度*	99.0	98.8	平降
4	支挡工程砂浆及混凝土强度*	98.9	97.8	降
5	支挡工程断面尺寸*	93.8	90.3	降
6	排水工程铺砌厚度和断面尺寸	90.4	90.0	平升
7	小桥涵主要结构尺寸	94.7	95.3	平升
8	沥青路面弯沉*	99.6	99.6	平
9	混凝土路面强度*	98.9	99.6	平升
10	沥青路面压实度*	97.5	97.7	平升
11	路面平整度*	93.5	91.5	降
12	路面厚度	98.8	97.0	降
13	混凝土路面相邻板高差	93.4	89.0	降
14	路面抗滑	97.7	94.2	降
15	路面基层强度及厚度	97.7	97.5	平降
16	钢筋保护层厚度*	74.7	78.9	升
17	上部混凝土强度*	99.2	98.7	平降
18	墩台混凝土强度*	99.4	99.5	平升
19	桥面宽度、厚度、横坡*	94.0	96.0	升
20	墩台垂直度	97.2	98.2	升
21	上、下部主要结构尺寸	94.2	96.2	升
22	受力钢筋间距	82.9	88.3	升
23	衬砌强度*	99.7	99.5	平降
24	衬砌厚度*	93.8	96.2	升
25	净空*	99.7	99.4	平降

续表

序号	高速公路 （*表示关键指标）	某年上半年 （总样本合格率）	某年上半年 （平均权值合格率）	备注
26	锚杆间距及长度	93.7	92.1	降
27	护栏横梁中心高度*	97.0	96.5	平降
28	立柱壁厚度*	97.9	98.3	平升
29	混凝土护栏强度*	99.5	99.1	平降
30	波形板厚度*	98.6	98.6	平
31	标志板净空	97.8	97.8	平
32	沥青	99.1	99.6	平升
33	水泥	99.6	98.1	降
34	钢筋	99.6	99.0	平降
35	粗细集料	97.3	93.1	降
36	橡胶支座	97.9	93.7	降
37	锚具	99.5	98.1	降
38	拼接螺栓	99.3	99.5	平升
39	土工格栅/土工布	97.8	88.6	降

分析：按平均权值合格率法计算，与总样本合格率法比较，"降"的指标有31%，"升"的指标有15%，"平"的指标有54%。二者大体持平，分析其指标合格率"升""降"产生的原因如下。

1) 个别省份该指标抽检样本量尤其少，且合格率低，则平均权值合格率法会低于总样本合格率法计算的单项指标合格率。

2) 个别省份该指标抽检样本量尤其少，且合格率高，则平均权值合格率法会高于总样本合格率法计算的单项指标合格率。

3) 个别省份该指标抽检样本量尤其大，且合格率低，则平均权值合格率法会高于总样本合格率法计算的单项指标合格率。

4) 个别省份该项指标抽检样本量尤其大，并且合格率高，则平均权值合格率法会低于总样本合格率法计算的单项指标合格率。

总之，采用总样本合格率法，单项指标抽检合格率会受某省某指标大样本量的很大影响，并进而影响到单位工程和总体公路工程的抽检指标总体合格率，而平均权值合格率法则解决了样本量大小对总体质量状况分析的影响。

（2）方法一、方法四单位工程合格率比较。

将各指标平均合格率赋权值后，计算高速公路单位工程合格率，与总样本合格率相比，6项单位工程3降2升1平，原来合格率最低的桥梁工程合格率有较大上升，上调了将近5个百分点，平均权值合格率法计算结果总体表现为各单位工程抽检指标总体合格率趋于接近，调整前单位工程合格率在88.3%~98.9%之间（表4-10）。

表4-10　　　　　　　　2011年上半年高速公路单位工程调整前后比较　　　　　　　　%

序号	高速公路	2010年下半年	2011年上半年（方法一）	2011年上半年（方法四）	调整前后比较
1	路基工程	98.7	98.9	97.0	降
2	路面工程	95.8	97.4	96.2	降
3	桥梁工程	87.3	88.3	93.0	升
4	隧道工程	97.6	94.5	97.2	升
5	安全设施	95.6	97.9	98.1	平
6	原材料及产品	99.1	98.9	97.1	降

注　一个百分点以内为平，超过一个百分点为升或降。

调整后单位工程合格率在93%～98.1%之间，分布区间更为集中。

（3）方法一、方法四各省合格率比较。

由表4-11和图4-3可见，除了有两省没有数据外，各省抽检指标总体合格率分布区间，平均权值合格率法较总样本合格率法的计算结果更为平缓、集中。

通过两种方法对单位工程抽检指标总体合格率和各省抽检指标总体合格率的比较可以看出，同一统计周期内单位工程和各省抽检指标合格率趋于接近，而不是分散。

从以上各方案的分析比较可以得出，宜采用方法四，即平均权值合格率法。

表4-11　　　　　　　　　　方法一、方法四各省合格率比较　　　　　　　　　　%

省　份	总样本合格率	各省权值合格率
北京市	92.5	93.80
天津市	93.23	98.03
河北省	78.85	90.02
山西省	90.13	92.20
内蒙古自治区	76.92	93.48
辽宁省	93.31	95.36
吉林省	85	85.00
黑龙江省	79.41	91.67
上海市	85.93	96.10
江苏省	95.09	98.46
浙江省	98.98	99.08
安徽省	93.26	95.13
福建省	93.71	96.75
江西省	95.92	96.96
山东省	93.44	93.18
河南省	97.77	97.44
湖北省	89.1	91.31
湖南省	62.81	73.11

续表

省　份	总样本合格率	各省权值合格率
广东省	69.78	85.41
广西壮族自治区	87.61	94.34
海南省	0	0.00
重庆市	91.92	96.17
四川省	98.15	98.26
贵州省	84.35	88.42
云南省	82.04	90.97
西藏自治区	0	0.00
陕西省	93.99	96.40
甘肃省	98.77	98.47
青海省	93.4	92.91
宁夏回族自治区	97.39	96.73
新疆维吾尔自治区	91.2	93.93

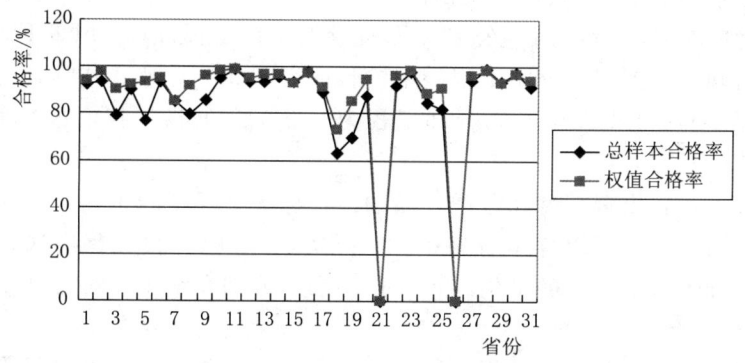

图 4-3　各省份总样本合格率（方法一）与平均权值合格率（方法四）比较

4.4　本章小结

（1）通过全国大范围对省级质监机构函调、座谈和专家咨询等调研方式，研究分析目前公路工程质量信息统计工作中质量统计指标的现状和问题，以及质量统计分析方法的现状和问题。归纳了需研究的两方面内容：一方面是报送数据的规范化、标准化研究，包括指标数据来源、完善质量统计指标和统一各省报送数据统计单元；另一方面也是最重要的，对统计分析方法的研究。

（2）统一指标数据来源为：一是质监机构综合检查、过程监督或交工检测中独立抽检的数据；二是质监机构委托检测机构检测的抽检数据或交工检测数据；三是农村公路质量状况数据应为农村公路管理机构和农村公路质监机构的抽检数据。竣工复测指标数据、养护工程检测数据及施工、监理、业主委托检测数据不再纳入质量监督信息统计表（厅质监字〔2008〕140号交质监13表至19表）。

（3）完善了质量统计指标。原高速公路统计资料包括路基工程、路面工程、桥梁工程、隧道工程、交通安全设施五大单位工程和原材料及产品等六大单位工程34项抽检指标，在原统计指标和公路工程质量鉴定抽查项目的基础上，排除了非过程质量控制的指标和质量控制非关键指标（如沥青路面车辙和桥梁工程伸缩缝与桥面高差等），增加了反映结构耐久性、隐蔽工程质量的抽检指标（如桥梁受力钢筋间距、隧道锚杆间距及长度），原材料及产品抽查指标除了沥青、水泥、钢筋三大主材外，还增加了粗细集料、桥梁橡胶支座、交通安全设施锚具、拼接螺栓和土工格栅/土工布。在此原则下高速公路、干线公路共计选取39项统计指标，农村公路共选取17项指标。

（4）质监机构在统计各质量指标抽检点时，统一按照质量检验评定标准及相关规范、测试规程要求进行。例如，采取无损连续式检测方法检测的路面平整度应按每100m输出一个结果来计算合格率；回弹法检测混凝土强度时应按一个测区作为一个统计点计算合格率；交工验收阶段弯沉指标合格率的计算方法应统一。对于原材料检测，其所有检测指标均满足规范要求的为合格样品，有一项或多项指标不满足规范要求的为不合格样品。

（5）确定了各抽检指标权值。考虑到质量统计为工程施工过程中对质量的统计，而非完工后成品质量的统计。所以用《公路工程质量检验评定标准》（JTG F80—2018）中各指标赋予的权值确定。按照《公路工程质量检验评定标准》附录A中所属分部工程为主要工程的指标权值×2，附录A中所属分部工程为一般工程的指标权值×1确定。同时为同一标准中的权值，具有可比性。

（6）按照考虑各省投资额度和考虑各项抽检指标关键程度的思路，提出了4种综合各项指标的统计分析方法，即总样本合格率法（原方法）、指标投资额度法、考虑投资的平均权重合格率法和不考虑投资的平均权重合格率法。分别介绍了4种方法的定义、计算分析方法和优缺点。

（7）通过对4种方法的对比分析计算，确定了当前最科学、合理又具有适用性的平均权值合格率法：高速公路和干线公路分别包括路基、路面、桥梁、隧道、交通安全和原材料及产品六大单位工程，农村公路包括路基、路面、桥梁、交通安全和原材料及产品五大单位工程。各项抽检指标总体合格率以各省市区合格率平均值计算，各单位工程抽检指标总体合格率计算时考虑各项抽检指标权重，公路工程抽检指标总体合格率以各单位工程抽检指标总体合格率平均值计算，以反映在建公路工程总体质量状况。

（8）各项指标省份平均的方法避免了由于各个省份数据量明显不统一造成的大数据量的省份主导了全国该指标质量的状况。单位工程将各项指标平均合格率赋权值的方法避免了某指标数据易测、数据量极大，主导了该单位工程的质量，而数据量小的指标在单位工程中不具有意义的质量统计现状；同时也能客观反映出不同指标的关键程度，因此更为科学、合理、可行。

第 5 章

结论与展望

5.1 主要创新点

（1）将公路工程质量内涵拓展到工程安全和环保，提出了综合检查、抽查和远程监控相结合的监督模式。

（2）提出了采用模糊综合评价法对工程质量督查结果评价的新方法，层次分析法确定评价指标及其权重。

（3）提出了纳入督查结果、交工检测和过程抽检相结合的国家及省级公路工程质量信息统计评价方法。

5.2 主要研究结论

（1）通过对我国公路工程质量监督发展历程的回顾，质量监督机构发展经历了质量监督机构建立发展初期、质量监督机构稳步健康发展阶段、以"站改局"为契机进一步转变和深化质量监督职能3个发展阶段。质量监督范围和职责的发展也经历了以质量监督职责为主、引入安全监督职责、逐步引入环保监督职责3个发展历程。

（2）从工程实践看，工程建设的质量与环保、工程安全是一个有机的整体。公路建设作为公益性事业，是为社会公众提供服务，应在以质量为基本点上将质量监督的内涵向外扩展，把质量与环保及工程安全纳入其中，以提高全社会对工程质量的期望和更高要求。通过对公路工程质量内涵的分析，探讨了公路工程质量内涵拓展可行性和必要性。调研与分析表明，公路工程质量内涵拓展到与公路建设相关的环境保护主要涉及与此相关的18个环境保护指标，初步讨论了这些指标的监督与评价方法。

（3）通过对质量监督工作模式的创新及其适用性、合理性研究，深入分析了验收备案制的适用性、合理性，讨论和提出了基于验收备案制的质量监督工作模式，对建立质量安全监督鉴定中心的适用性、合理性进行了讨论。

（4）通过对质量监督督查方式的合理选择与综合应用研究，提出了在当前形势下应采用督查、抽查与远程监控相结合的质量督查方式；分析探讨了工程建设全过程（设计、施工、养护）监督的可行性，提出了全面介入设计、养护监督，质量监督机构应注意考虑的问题和加强自身建设的方面。

（5）探讨了监督工作有效性实现手段，监督工作的全过程介入、监督工作的覆盖面、监督工作的深度是确保监督工作有效性的重要前提；监督工作标准化是实现监督工作有效性的重要手段。

（6）在全面回顾监督发展历程的基础上，对工程质量监督的发展进行了展望，指出了质量监督机构将面临监督任务与过去有所不同、监督机构的深化改革、监督职责和范围重新定位等一系列挑战，监督机构必须面对挑战做好准备。

（7）利用层次分析法确定督查指标的权重。目前，各指标在权重上差别不大，这与实际情况不符。权重不清，就不容易在督查结果中反映出工程质量的实际情况。层次分析法是目前比较简明、易行的确定权重的数学方法，使用这种方法还可以充分发挥专家作用。另外，在指标中没有发生的、或者没有检测的，可以利用层次分析法将其权重新分配给其他指标，相对于综合打分法更具科学性。同时，还可以根据质量形势或者我们关心的问题，随时进行权重的变更。也可以根据比较层次的不同，选择指标在相应层次间的权重值进行。

（8）使用模糊评价法对督查指标进行多层次的评价。模糊评价方法可利用专家不拘泥于具体的丰富经验，使专家在短时间内对项目有更深层次、更加接近实际的了解，通过对指标进行很好、好、一般及较差的评价，就完成了对整个项目的评价，提高了检查效率。模糊评价在多人评价时更加准确，建议增加专家人数，或重新进行专家分组，使评级结果更加客观。

（9）通过全国大范围对省级质监机构函调、座谈和专家咨询等调研方式，研究分析目前公路工程质量信息统计工作中质量统计指标的现状和问题，以及质量统计分析方法的现状和问题。归纳了需研究的两方面内容：一方面是报送数据的规范化、标准化研究，包括指标数据来源、完善质量统计指标和统一各省报送数据统计单元；另一方面也是最重要的对统计分析方法的研究。

（10）统一指标数据来源：一是质监机构综合检查、过程监督或交工检测中独立抽检的数据；二是质监机构委托检测机构检测的抽检数据或交工检测数据；三是农村公路质量状况数据应为农村公路管理机构和农村公路质监机构的抽检数据。竣工复测指标数据、养护工程检测数据及施工、监理、业主委托检测数据不再纳入质量监督信息统计表。

（11）完善了质量统计指标。原高速公路统计资料包括路基工程、路面工程、桥梁工程、隧道工程、交通安全设施五大单位工程和原材料及产品等六大单位工程34项抽检指标，在原统计指标和公路工程质量鉴定抽查项目的基础上，排除了非过程质量控制的指标和质量控制非关键指标（如沥青路面车辙和桥梁工程伸缩缝与桥面高差等），增加了反映结构耐久性、隐蔽工程质量的抽检指标（如桥梁受力钢筋间距、隧道锚杆间距及长度），原材料及产品抽查指标除了沥青、水泥、钢筋三大主材外，还增加了粗细集料、桥梁橡胶支座、交通安全设施锚具、拼接螺栓和土工格栅/土工布。在此原则下高速公路、干线公路共计选取 39 项统计指标，农村公路共选取 17 项指标。

（12）质监机构在统计各质量指标抽检点时，统一按照质量检验评定标准及相关规范、测试规程要求进行。例如，采取无损连续式检测方法检测的路面平整度应按每 100m 输出一个结果来计算合格率；回弹法检测混凝土强度时应按一个测区作为一个统计点计算合格率；交工验收阶段弯沉指标合格率的计算方法应统一。对于原材料检测，其所有检测指标均满足规范要求的为合格样品，有一项或多项指标不满足规范要求的为不合格样品。

（13）确定了各抽检指标权值。考虑到质量统计为工程施工过程中对质量的统计，而非完工后成品质量的统计。所以用《公路工程质量检验评定标准》（JTG F80—2018）中各指标赋予的权值确定。按照《公路工程质量检验评定标准》（JTG F80—2018）附录 A 中所属分部工程为主要工程的指标权值×2，附录 A 中所属分部工程为一般工程的指标权值×1 确定。同时为同一标准中的权值，具有可比性。

（14）按照考虑各省投资额度和考虑各项抽检指标关键程度的思路，提出了 4 种综合各项指标的统计分析方法，即总样本合格率法（原方法）、指标投资额度法、考虑投资的平均权重合格率法和不考虑投资的平均权重合格率法。分别介绍了 4 种方法的定义、计算分析方法和优缺点。

（15）通过对 4 种方法的对比分析计算，确定了当前最科学、合理又具有适用性的平均权值合格率法：高速公路和干线公路分别包括路基、路面、桥梁、隧道、交通安全和原材料及产品六大单位工程，农村公路包括路基、路面、桥梁、交通安全和原材料及产品五大单位工程。各项抽检指标总体合格率以各省市区合格率平均值计算，各单位工程抽检指标总体合格率计算时考虑各项抽检指标权重，公路工程抽检指标总体合格率以各单位工程抽检指标总体合格率平均值计算，以反映在建公路工程总体质量状况。

5.3 建议及展望

（1）建议随时跟进研究公路工程质量监督评价体系，保障质量监督工作的科学性和有效性。

（2）根据质量内涵的拓展，监督工作范围应作出调整。将工程结构安全和环保纳入工程质量范围的问题应进一步深入研究，探讨其与质量内容有关的监督指标。

（3）质监机构要建立起相适应的法律法规体系，重在行政执法，重在动用强制手段，树立交通质监"代表政府，行使公权"的形象和权威，积极探索技术监督与备案、行政执法并举的监督工作模式，促进参建单位更多承担起自身责任。

参 考 文 献

[1] 刘金涛,牙琪敏,万俊.国内外建设工程质量监督工作现状及发展趋势研究[J].西南公路,2007(04).

[2] 程虹,范寒冰,罗英.美国政府质量管理体制及借鉴[J].中国软科学,2012(12).

[3] Robert K. Hughes, Samir A. Ahmed. Highway Construction Quality Management's in Oklahoma [J]. Transportation Research Record,1991(1310):20-26.

[4] 谷雨,刘伊生.城市轨道交通工程建设质量管理体系研究[D].北京:北京交通大学,2006.

[5] Donn E. Hancger, Sean E. Lambert. Quality-Based Prequalification of Contractors, Journal of the Transportation Research Board [J]. construction,2002(1813):260-274.

[6] 中华人民共和国交通运输部.公路工程质量检验评定标准:JTG F80/1—2018[S].北京:人民交通出版社,2017.

[7] 中华人民共和国交通运输部.公路水路交通"十二五"发展规划[R],2011.

[8] 武建杰.公路工程质量政府监督管理研究[D],西安:长安大学,2008.

[9] 四川省交通厅公路水运质量监督站.公路水运建设工程质量安全监督体系研究总报告[R],2008,12.

[10] Joseph M. Juran. Juran's Quality Control Handbook [M]. NewYork:McGraw-Hill,1951.

[11] 薛万东.工程质量监督指南(上)[M].北京:中国石化出版社,2001.

[12] Robert P. Elliott. Quality Assurance:Specification Development and Implementation, Transportation Research Record [J]. NO. 1310. 1991,27-33.

[13] Brian M. Killingsworth, Chuck S. Hughes. Issues Related to Use of Contractor Quality Control Data in Acceptance Decision and Payment. Journal of the Transportation Research Board [J]. construction,2002(1813):249-252.

[14] 陈俊杰.H建设目质量监督管理评价研究[D].哈尔滨:哈尔滨工业大学,2017.

[15] 中华人民共和国交通运输部.公路工程施工监理规范:JTG G10—2006[S].北京:人民交通出版社,2016.

[16] 周绪利.公路工程施工质量检查与验收手册[M].北京:人民交通出版社,2005.

[17] 中华人民共和国交通运输部.公路路基施工技术规范:JTG/T 3610—2019[S].北京:人民交通出版社,2019.

[18] 贺昌元,杨玉江.适应市场经济条件下的政府工程质量监督管理体系[J].工程质量,2001,1:15-17.

[19] 李庆瑞,康省桢,金雷,等.河南省高速公路项目管理系统[R],2007.

[20] 冯学钢.构建公路建设工程质量监督体系的思考与实践[J].西南公路,2005(02).

[21] 质量发展纲要(2011—2010年)(国发[2012]9号)[R],2012.

[22] 邹南.加强工程质量监督管理 促进交通建设健康发展[J].西南公路,2008(01).

[23] 中华人民共和国交通运输部.公路土工试验规程:JTG E40—2007.北京:人民交通出版社,2007.

[24] 邱信蛟,李越川,王志英.重大水利工程质量监督工作机制现状与思考[J],中国水利,2018(04).

[25] 牛鹏志,刘伟强.浅议工程质量监督模式的发展方向[J].山西建筑,2011.

[26] 四川省交通厅公路水运质量监督站. 四川省公路工程远程监控研究 [R], 2012.
[27] 中华人民共和国交通运输部. 公路路基设计规范: JTG D30—2015 [S]. 北京: 人民交通出版社, 2017.
[28] 中华人民共和国交通运输部. 公路沥青路面施工技术规范: JTJ F40—2017 [S]. 北京: 人民交通出版社, 2007.
[29] 郭汉丁, 张印贤, 马辉. 建设工程质量政府监督有效性及其提升途径 [J]. 建筑, 2010 (14).
[30] 谢亚伟. 论健全交通建设工程质量执法监督体系 [J]. 综合运输, 2004 (04).
[31] 简华炽. 创新方法 全面提升建设工程监管效能 [J]. 工程质量, 2014 (S2).
[32] 郭舰. 对工程质量监督方式的些思考 [J]. 重庆建筑, 2005 (07).
[33] 郭汉丁, 张印贤, 郝恩海, 等. 建设工程质量政府监督标准化体系架构 [J]. 项目管理技术, 2014 (02).
[34] 郭汉丁, 刘应宗, 郝海. 政府质量监督机构绩效考核灰色评价方法 [J]. 武汉理工大学学报 (交通科学与工程版), 2005 (02).
[35] 何伯洲, 周显峰, 谭大璐. 转变工程质量监督机构工作机制的研究 [J]. 哈尔滨建筑大学学报, 2002, 35 (3): 101-104.